eラーニング活用ガイド

特定非営利活動法人
日本イーラーニングコンソシアム=編

東京電機大学出版局

本書の全部または一部を無断で複写複製（コピー）することは，著作権法上での例外を除き，禁じられています。小局は，著者から複写に係る権利の管理につき委託を受けていますので，本書からの複写を希望される場合は，必ず小局（03-5280-3422）宛ご連絡ください。

本書によせて

eラーニングはさらに身近に，使いやすく手離すことのできない存在になります

特定非営利活動法人 日本イーラーニングコンソシアム
会長 小松秀圀

　『eラーニング白書（2006/07年度版）』によると，社員5000人以上の企業の86％が，2000〜4999人の企業の53％が，eラーニングを使っていると発表されました。学校教育の分野でもここ数年，eラーニングや遠隔教育の導入，実践の裾野が広がってきています。この1〜2年で，eラーニングは一部の組織が挑戦する教育の改革という段階から，eラーニングが自然に受け入れられ，どこの会社にもある一般的な情報基盤になりつつあることを感じています。

　企業では重要性の増しているコンプライアンス，個人情報保護，セキュリティなど，社会人として身に付けていないと企業の信頼性に大きなダメージを与える教育を，短時間に確実に修了しなければならないという社会情勢が続いています。

　学校教育でも，多様化する学生の学力への対応や多様な学習ニーズに応えていくこととともに，学校の特長作りが急がれる状況にあります。

　このような状況は，テーマは変わっても形を変えて継続して発生すると考えられます。企業も学校も，共通した問題にeラーニングを幅広く活用することで事態の改善を図ろうとすることが一般的になってきています。

　企業でのコンプライアンス，個人情報保護教育，業務知識教育などはすべての企業に共通したテーマであり，学校教育でのリメディアル教育，対面授業の欠席対応，遠隔教育への活用なども学校教育での共通したテーマであります。

　このように企業も学校も，すべての組織に共通するような時代の変化に対応するためにeラーニングを活かすというのが，極めて自然な発想として受け入れられる情勢となりました。

eラーニングはICT（Information and Communication Technology）を活かした情報基盤であり，組織にとって必要欠くべからざる存在になってきているといえる時期がもう目前に来ていると思います。

　加えて携帯電話の進化，モバイルテクノロジーの進化がeラーニングのおもしろさ，有効性と親しみやすさを加速しています。

　その意味では，eラーニングに関する常識は世間の共通認識となりつつある時期が近づいています。

　最近は，eラーニングがICTを活用した情報基盤であるという認識も台頭しはじめ，eラーニングは構造化された知識をまとめたコンテンツ（教材）を提供する仕組みだけではなく，構造化されていない日頃身近にある暗黙知のような非構造化情報（コンテクスト）をもっと活用するべきであるという考え方も検討されつつあります。

　つまり学びの環境の中に，学習仲間とのコミュニケーションや電子化された情報から必要な情報を検索するなど，学習する人にとってより学習しやすい環境を作り出し，知識を得るための教育に加えて，コンテクストを得て実践力を育成しようという考え方です。

　この考え方は，今までのeラーニングの常識を越えて広く実用的な機能を提供し，これまでよりさらに学習者の学習行動を自由に，柔軟に力強く支援していこうとするもので，これからの発展が期待できる教育環境です。

　私たちも新しいコンセプト，テクノロジー，ネットワークを活かしたこのeラーニングが新たなeラーニング推進のうねりを起こすことと期待しています。

　ICTの発展により，コーポレート・サーチによる情報検索システムやプロジェクトに使われるような企業内SNSは自然に浸透していきます。コンテクストを扱うeラーニングは，新人からエキスパートまで役に立つことを考えますので，この分野でeラーニング関係者はリーダーシップを発揮してほしいと思っています。

　数年前，eラーニングの活用は当たり前となる時代を反映して，ひとりでも多くの方にeラーニングに踏み込んでいただこうと，日本イーラーニングコンソシアムの広報委員会のメンバーが中心になり，『eラーニング導入ガイド』という書籍をまとめました。その続刊として，より効果を高める活用の方法を考

える本がこの『e ラーニング活用ガイド』です。

　この本は，日頃 e ラーニング関係の仕事をしている方が，e ラーニングの現場の視点で，e ラーニングの基本から実用上のノウハウまでをわかりやすくまとめました。この本が e ラーニングの裾野を広げ，e ラーニングの新しい方向のイメージを提示し，e ラーニングを実践する方の力強い味方になることを心から願っています。

目次

本書によせて ——— i

1章 活用企業の悩みと解決策　　1

1-1 eラーニングは費用がかかる？ ——— 1
- 1-1-1 導入コストの変遷／1
- 1-1-2 導入コストの実態／4
- 1-1-3 コスト対策の現状／7

1-2 eラーニングを導入すれば研修は不要になる？ ——— 11
- 1-2-1 質問1．集合研修は効果的ですか？／12
- 1-2-2 質問2．集合研修は開催運営に負荷がかかっていますか？／14
- 1-2-3 質問3．集合研修の学習効率はよいですか？／16
- 1-2-4 質問4．集合研修の参加者は物理的な時間負担を考えていませんか？／18
- 1-2-5 質問5．集合研修は社員の増員に即座に対応できますか？／20

1-3 eラーニングは中小企業より大企業向き？ ——— 22
- 1-3-1 企業の教育投資の現状／23
- 1-3-2 教育研修状況／23
- 1-3-3 教育研修予測／24

1-4 eラーニングは1人1台のパソコン環境でないと効果がないのでは？ ——— 25
- 1-4-1 DVDの利用／25
- 1-4-2 集合研修の場でのeラーニング／28
- 1-4-3 共有パソコン利用／28
- 1-4-4 モバイルツールの活用／29

1-5 eラーニングについてはどのようにして学べばいいの？ ——— 31
- 1-5-1 書籍で学ぶ／34
- 1-5-2 学校で学ぶ／34
- 1-5-3 インターネットから学ぶ／34
- 1-5-4 専門家より聞く／35

2章 企業の活用実態　40

- 2-1　求められるコンテンツの種類 ────── 40
- 2-2　求められるコンテンツの質 ────── 49
- 2-3　これからのコンテンツ ────── 50
- 2-4　インフラ環境や関連する体制の問題 ────── 52
- 2-5　学習意欲とeラーニングの必要性 ────── 56
- 2-6　経営者のeラーニングに対する積極性と効果の関係 ────── 57

[座談会1] ベンダがみた企業内eラーニングの課題 ────── 62

3章 成功するeラーニングを実現する人材 ─eラーニングプロフェッショナルの未来─　78

- 3-1　eラーニング神話の崩壊 ────── 78
- 3-2　eラーニングプロフェッショナルの重要性 ────── 79
  - 3-2-1　英国CeLP（Certified e-Learning Professional）の場合／80
  - 3-2-2　最初のeラーニングの波が消えてしまった5つの理由／81
  - 3-2-3　成功するeラーニングに欠かせないもの／82
- 3-3　eラーニングプロフェッショナルに必要なコンピテンシー ────── 83
  - 3-3-1　eラーニングプロフェッショナルの「新しいスキル」とは何か／84
  - 3-3-2　「新しいスキル」を持つプロフェッショナルたち／86
  - 3-3-3　eラーニングプロフェッショナルに共通の基本コンピテンシー／87
- 3-4　eラーニングプロフェッショナルになるには？ ────── 91
  - 3-4-1　eラーニングプロフェッショナルの仕事／91
  - 3-4-2　eラーニングプロフェッショナルの共通コンピテンシー／92
- 3-5　eラーニングプロフェッショナルの未来 ────── 93

4章 eラーニングの標準化　　　96

- 4-1　eラーニングの標準化についてこんな誤解が… ──── 96
- 4-2　eラーニングの標準規格 SCORM はどこが作っているの？ ──── 97
- 4-3　SCORM1.2 は何が決めてあるの？ ──── 98
  - 4-3-1　SCORM の考え方／98
  - 4-3-2　eラーニングに必要なもの／99
  - 4-3-3　コンテンツアグリゲーションモデル／99
  - 4-3-4　メタデータ／100
  - 4-3-5　ランタイム環境／102
  - 4-3-6　SCORM1.2 のデータモデルのマンダトリとオプショナル／103
  - 4-3-7　SCORM の規定範囲はあまり広くない／107
- 4-4　標準化にはどんなメリットがあるの？ ──── 108
  - 4-4-1　相互運用が可能になる！／108
  - 4-4-2　LMS 側とコンテンツ側で開発の役割分担が明確になる／110
- 4-5　標準化なんて必要ないと無視していたらどうなる？ ──── 111
  - 4-5-1　コンテンツ調達が難しい場合がある／111
  - 4-5-2　コンテンツ制作の発注先が限られる／112
  - 4-5-3　LMS をバージョンアップするときに既存コンテンツが使えなくなる／112
  - 4-5-4　コンテンツの外販が難しくなる／113
- 4-6　標準化を導入した方がよい場合と導入しなくてもよい場合 ──── 113
- 4-7　標準化普及のために ──── 114
  - 4-7-1　eLC 標準化推進委員会／114
  - 4-7-2　標準化推進のために／114
  - 4-7-3　認証制度／115
  - 4-7-4　どうやって認証するか？／116
  - 4-7-5　コンテンツ認証制度／116
  - 4-7-6　認証制度のメリット／117
- 4-8　新しい標準化規格はこんなにいい！ ──── 118
- 4-9　今後の，eLC 標準化推進委員会の活動 ──── 121

5章 今後のeラーニング動向　　　　　　　　　　　　　　122

- 5-1　はじめに ────── 122
  - 5-1-1　勉強と学習／122
  - 5-1-2　パフォーマンスアップとスキルアップ／123
  - 5-1-3　情報と知識／123
  - 5-1-4　「教科書にある知識」と「教科書にない知識」／124
- 5-2　ナレッジワーカーと学習 ────── 125
  - 5-2-1　ナレッジワーカー／125
  - 5-2-2　コミュニティ・オブ・プラクティス／126
  - 5-2-3　ナレッジマネジメントとeラーニング／127
- 5-3　ナレッジマネジメントとeラーニング ────── 128
  - 5-3-1　コンテンツとコンテキスト／129
  - 5-3-2　コラボレーションツール／129
- 5-4　学習管理とROI ────── 132
  - 5-4-1　管理型学習と非管理型学習／133
  - 5-4-2　チーム学習とPBL／133

[座談会2] ユーザー企業がホンネで語る ────── 135

索引 ────── 155

特定非営利活動法人 **日本イーラーニングコンソシアム**
『eラーニング活用ガイド』編集委員会

[1章]	下山　博志	株式会社人財ラボ
[2章]	金子　一久	NECラーニング株式会社
	小川　正夫	NTTラーニングシステムズ株式会社
[座談会1]	中村　正志	株式会社フォトロン
[3章]	寺田　佳子	株式会社ジェイ・キャスト
[4章]	熊澤　剛	株式会社ヒューマンサイエンス
[5章]	小島　政行	株式会社アプライドナレッジ
[座談会2]	下山　博志	株式会社人財ラボ
[イラスト]	飯田　哲也	株式会社イオネット
[監修]	小林建太郎	株式会社デジタル・ナレッジ

1章 活用企業の悩みと解決策

　日本イーラーニングコンソシアム（eLC）では，活用事例委員会という研究活動が行われています。eLCには，eラーニングを販売している企業（ベンダ）はもちろん，コンサルタントやユーザーまで，eラーニングに携わる，あるいは興味を持っているさまざまな企業・個人が登録しています。この活用事例委員会では，特にeラーニングを導入している，あるいはこれから導入を検討しているユーザーを対象として，企業訪問や勉強会を開催しています。ここではユーザー企業の担当者同士が，eラーニングの活用はどうあるべきか，何が課題で，どのように解決できるか，毎回活発な議論が繰り返されています。

　この章では，ユーザーとしてeラーニングを導入した後の，悩みや課題を探り，その解決の糸口を探求してみます。これから，eラーニングを導入していく企業や，拡大していくユーザーへの参考になれば幸いです。

1-1　eラーニングは費用がかかる？

1-1-1　導入コストの変遷

　日本でeラーニングを先進的に導入検討しはじめたのは，90年代初頭からと言われています。日本IBM，シスコシステムズ，マイクロソフトという米系IT系企業が，もともと整備されていたITインフラを使って導入しはじめました。これらの企業が導入したeラーニングの仕組みは比較的大規模であり，導入に関しても設計・開発まで数年かかるシステムで，大規模な投資が必要でした。

　しかし，このような本格的なeラーニングばかりではなく，CBTと言われるコンピュータベースで行うeラーニングもあります。この種のeラーニングまで含めると，CDをパソコンで再生する学習も入るため，その歴史はさらにさ

かのぼり，大企業に限らず実施されていました。

　90年代後半からは，欧米諸国のeラーニングブームを受けて，社内ネットワークが構築できている大企業から徐々に導入が始まりました。このときの導入は，学習管理の仕組みであるLMS（ラーニングマネジメントシステム，学習管理システム）を中心としたeラーニングの導入が主流でした。当時のLMSは，既存パッケージとして存在はしましたが，種類も少なく，基本機能だけでは企業内で使いにくかったため，多くの企業がカスタマイズするか，あるいはオリジナルで自社仕様にLMSのプログラムを構築しました。この場合，その機能にもよりますが，数千万から数億円という膨大な開発費を投入した大企業もあります。このような企業は，もともと教育費をある程度投入していた企業が多いと推測されます。この教育費の内訳は，集合研修にかかわる経費が多くを占め，この経費を代替えする目的でeラーニングを積極的に導入した例も少なくありません。

　欧米では95年以降eラーニングが徐々に導入されはじめ，90年代後期にeラーニングブームが到来しました。この流れを受けて日本でも，社内教育に力を入れていた企業を中心に導入を検討しはじめた企業が急増しました。メーカーの技術者教育，サービス産業の販売員教育，営業教育など比較的数が多い現場の従業員を対象として，知識教育・技術教育のために導入が検討されました。したがって，ある程度のコストを投入しても，1人当たりの単価では低く抑えられると考えられていました。

　そして，欧米諸国に遅れることほぼ5年の2001年から，eラーニングブームが始まりました。この時期に，LMSをはじめ学習の中身である学習コンテンツが多種販売されるようになりました。企業は，学習コンテンツに数百万から数千万円の投資をすることもありました。この場合の学習コンテンツは，自社サーバを持ち，LMSを構築できる企業は，既成のコンテンツを買い取るか，コンテンツプロバイダーに依頼し，自社用の学習コンテンツを作成しました。この時代は，オリジナルで製作するオーサリングツールそのものが数百万円と高価であり，プログラムから作成するコンテンツであれば1,000万円を超えるものもありました。

　もうひとつの動きが，ASP（アプリケーションサービスプロバイダー）の利

用です.ASPの利用とは,自社サーバを持たないか,あるいはeラーニングを導入するサーバ上のキャパシティが少ない企業などが,外部のプロバイダーに学習管理をアウトソーシングする手法です.このときのコストは,例えば,学習者がプロバイダーの持つ既存のコンテンツをWebで学習する場合,英語などでは初級のコンテンツで,1人数千円という価格でした.しかし,この価格設定はユーザーカウントで管理するシステムがほとんどでした.それは,対象者(学習者)の人数によって従量制にしている場合が多く,最も一般的なマイクロソフトのWordやExcelといったソフトは初級レベルで,1人1,500~3,000円程度のものでした.そして,従業員の数によって課金をする(ボリュームディスカウント制度)といった契約が多くありました.

その後,eラーニングの一時的な盛り上がりは収まり,早期から大規模なLMSを導入した企業も,現在はシステムのアップデートや,ほかのアプリケーションとの互換性を得るためのアップデート,あるいはコンテンツの補強といった維持費にコストを投入しています.eラーニングの投資額に関する調査データはさまざまありますが,システム単価や維持費の単価も変動しているため,マクロデータだけでは把握が困難です.最近になって,LMSをはじめとするeラーニング導入のためのコストは低価格化が進んでいます.その原因は1-1-2項で述べます.

それでは,早期にeラーニングを導入した大手企業は,なぜこのような膨大なコストが投入できたのでしょうか.それは,導入当初のeラーニングが,教育費削減を目的としていたことが一因として考えられます.

この当時のeラーニング導入の目的は,研修費や交通費,宿泊費を中心とし

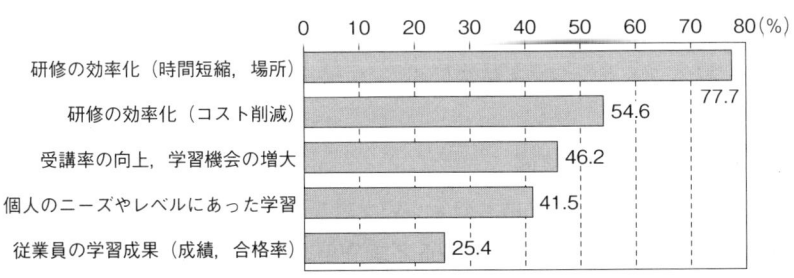

図1.1 eラーニング導入の目的 [出典:eラーニングユーザ調査〔企業〕(2003, eLC)]

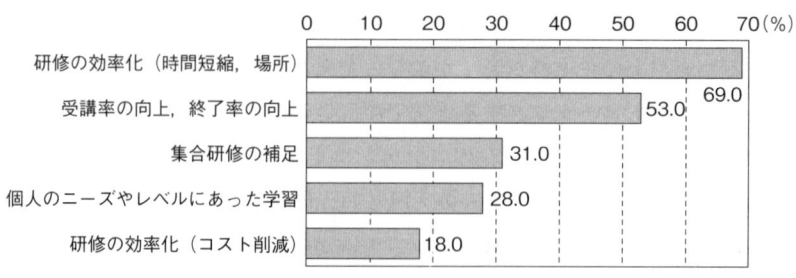

図 1.2　e ラーニング導入の目的　［出典：e ラーニングユーザ調査〔企業〕（2005, eLC）］

た教育経費の削減でした。これらの企業の多くは，もともと教育費に多大な投資をしていたためです。そして，教育費がどの程度使われているのかを把握していたこともあります。e ラーニングを導入すればどの程度コストを低減できるかが示されれば，投資目的としても明確です。しかし，その後明らかになったこととして，e ラーニングをコスト削減だけの目的に導入した企業で，今度は教育効果の課題で再投資をしなくてはならなくなった例も多くあります。たしかに，e ラーニングを導入すれば，集合研修で行っていた内容を代替えできます。しかし，これには条件があります。集合研修にしかできない内容と e ラーニングの方が明らかに学習効果が高いという内容を明確に整理できていることが重要です。集合研修には集合研修のよさ（効果）があります。同じように e ラーニングには e ラーニングのよさがあります。それぞれの強みを活かした学習設計があれば，コストのかかる集合研修は比較的低コストで行うことが可能な e ラーニングに代替えすることが効果的です。最近の調査では，e ラーニングの目的は，コスト削減から，明らかに効果性にシフトした結果が出ています。

　それでは，現状でも数千万から数億円を e ラーニングに投資しているのでしょうか。導入コストについては次に述べたいと思います。

1-1-2　導入コストの実態

　実際に，初期導入コストはどのくらいかけているのか。e ラーニング白書の調査データから，2003 年調査と 2005 年調査を比較してみました。

　5,000 人以上の大企業の場合，2003 年度は平均 4,125 万円で 2005 年度は 2,785

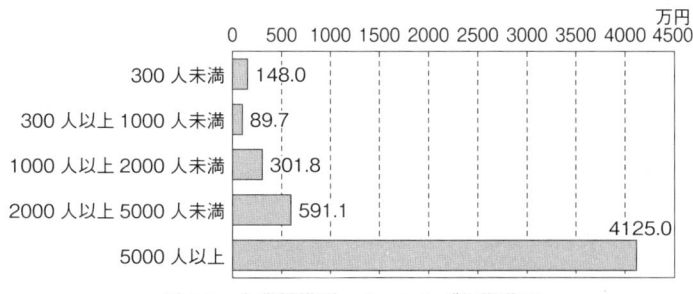

図 1.3 企業規模別 e ラーニング初期費用
［出典：e ラーニングユーザ調査〔企業〕（2003, eLC）］

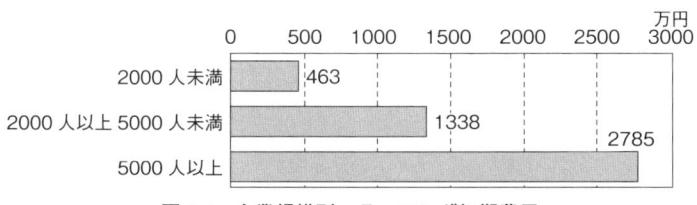

図 1.4 企業規模別 e ラーニング初期費用
［出典：e ラーニングユーザ調査〔企業〕（2005, eLC）］

万円で減少。

2,000 人以上 5,000 人未満の企業は 2003 年度 591 万円で 2005 年度 1,338 万円と増加。

2,000 人未満の企業は 2003 年度 301 万円で 2005 年度 463 万円に増加。

図 1.3，図 1.4 のデータから，大企業の導入初期費用は，年々下降しているということがわかります。一方，中小企業においては徐々に上昇しています。この原因としてさまざまな予測ができますが，そもそもこのコストの基本となる投資額の中身を考える必要があります。日本でまだ e ラーニングの導入が始まったばかりの 90 年には，LMS を導入したのは多くは大企業でした。この時期はプログラム作成に多大な時間とコストを投入していました。当然，普及する前とは需給バランスが異なります。e ラーニングの開発経費は，企業のネットワーク環境の整備コストと同様のコスト低減が図られています。そのため，e ラーニングが広まり需要が多くなってからは，当然コストは下がってきました。しかし，低価格化の原因はほかに大きな要素があります。それはオーサリング

ツールの低価格化と自社活用です。

　もともとeラーニングのコンテンツ制作にあたっては，専門家がプログラム作成していましたが，オーサリングツールができたことによって，より速く簡単にソフトが組めるようになりました。

　2001年ころから欧米では，「ローコストeラーニング」という概念でさまざまなローコスト戦略によるコンテンツが販売されるようになり，オーサリングツールは，かなりの汎用性の高いソフトが発売されるようになりました。現在では，初心者でも少しの知識と練習で簡単にeラーニングコンテンツを作成できるようなオーサリングツールが多数出てきました。90年代に使われていた数百万円のオーサリングツールと同じ機能のソフトが，今では数十万円で手に入る時代になりました。大企業は，社内にコンテンツ開発を行う担当者を配置して，自社でコンテンツを作成したりアップデートしたりする企業も多くなりました。

　このような理由もあり，需給バランスの理由だけでなく，大企業のeラーニング投資は削減されました。ほかにも，長い間の不況により，単純に教育投資を控えたことも理由に挙げられます。

　一方，中小企業の投資が大企業とは反対に増加しているのはどのような理由でしょうか。中小企業ではeラーニングを自社サーバで運用するより，ASPを使って運用する場合がほとんどです。eラーニングのシステム構築がまだ高額

◎オーサリングツール（Authoring Tool）

　Webホームページのようなデジタルコンテンツの編集・作成するソフトウェアを一般にオーサリングツールと呼ぶ。eラーニングの場合もコンテンツを作成するソフトウェアをオーサリングツールと呼ぶ。オーサリングツールは，LMS提供ベンダが自社のLMSと連携可能なものを提供している場合が多いが，SCORM規格によるLMSとコンテンツの標準化が進んできているので，SCORM対応のLMSで共通に利用できるコンテンツを作成するオーサリングツールも登場している。

　文字が主体のシンプルなeラーニング用コンテンツなら，専門知識がなくてもオーサリングツールに付属しているテンプレートやサンプルを利用して比較的容易に作成できる。しかしアニメーションやナレーションが利用できるFlashと呼ばれる形式を使う場合は，専用のツールを用いるため，専門的な知識が必要になる。また，PowerPointやPDFなどのプレゼンテーションやWordなどで作成したファイルをeラーニングコンテンツに変換する機能を持つオーサリングツールもあり，目的や用途に合わせて選択することが重要である。

　[「日本イーラーニングコンソシアムホームページ」『用語集』より
　http：//www.elc.or.jp/kyoutsu/yougo.html]

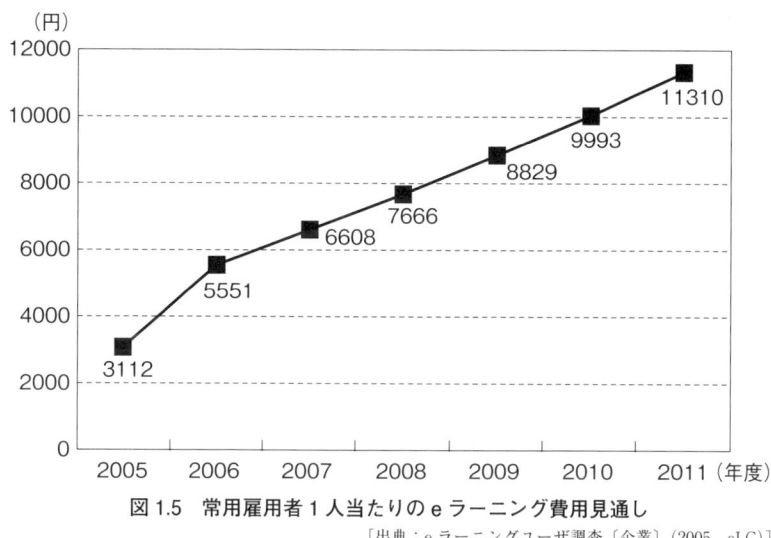

図1.5 常用雇用者1人当たりのeラーニング費用見通し
[出典：eラーニングユーザ調査〔企業〕(2005, eLC)]

だった時代は，自社でサーバを立ち上げ，セキュリティの管理も含めてLMSを構築するには，少ない社員数では非効率です。そのため，ASPを使って，外部で管理運用してもらうシステムの方が効率的でした。このシステムは，対象者のユーザーカウント数によって単位価格が変動する，従量制によって課金される仕組みがほとんどです。しかし従業員数が増加してくると，自動的に投資額も増加します。また，初めは少ないコンテンツから導入し，少しずつコンテンツを増やしていく場合もあります。そのため導入後は社員1人当たりに占めるeラーニングの経費は上昇していくことがあります。このこと自体は，従業員の教育投資として，計画的に投資していくのであれば，健全な投資といえます。eラーニング白書によると，常用雇用者1人当たりのeラーニング費用の見通しは，今後上昇していくと予測されています。

1-1-3 コスト対策の現状

企業がeラーニングにかけるコストは，どのくらいが適正なのかを考えるには，まずはじめに人材開発全体にどのくらいのコストを投入するべきかを考える必要があります。eラーニングで人材教育のすべてをカバーできるはずはありません。もちろん研修だけでカバーできるわけでもありません。人材開発は，

「現場教育，集合研修，eラーニングなどの教育システム」，「マニュアルやプログラムなどの教育ツールの配布」あるいは「従業員を一堂に集めてのセミナーやコンベンションといったマスミーティングによる教育」も含まれます。すなわち，eラーニング導入という一部のコストのみに注目しては，本来の人材開発全体にかける投資の視点が失われてしまいます。eラーニングは教育全体の中の一部です。したがって，eラーニングにかかるコストは，教育費全体の中でどのように配分するかを把握する必要があります。

図1.6は，今後の研修費用増減見通しと研修全体のうちeラーニングが占める比率の割合です。

図1.6は，
- eラーニング導入企業における従業員1人当たりの企業内研修費用
- 2009年までの企業内研修費用の増減見通し
- 2009年までの企業内教育におけるeラーニング費用比率の増減見通し

のデータをアンケートにより収集した結果，予測した数値です。アンケート回

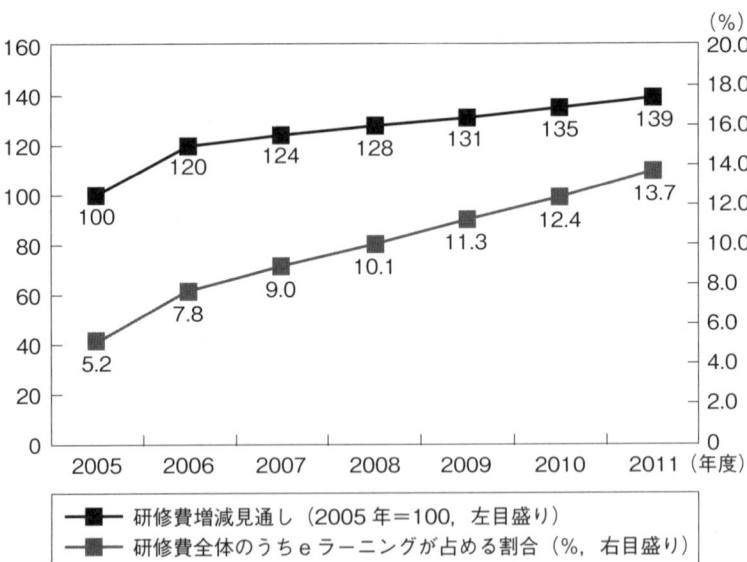

図1.6　今後の研修費用増減見通しと研修全体のうち
eラーニングが占める比率の割合

〔出典：eラーニングユーザ調査〔企業〕（2005, eLC）〕

収企業の平均では，1人当たりの研修費用は55,000円であり，研修用の増減見通しは2003年を100として今後の研修費用増減見通しについて回答企業全体の平均を算出しています。

次に，企業内教育における e ラーニング費用比率の増減の見通しについて，回答企業全体の平均を取った結果，研修全体に占める e ラーニング費用の比率は10%程度でした。そして，2009年には20%まで上昇するという予測も算出されました。

このように e ラーニングにかけるコスト配分は上昇していくと考えられていますが，コストの中身を把握している必要があります。e ラーニングの費用構成は大きく導入費用と維持費に分けられます（図1.7）。

e ラーニングは導入するときに多くのコストを投入する場合が多く，初期投資に注意が払われることが一般的ですが，運用システムであるため，当然維持費が発生します。特に教育コンテンツは導入した後も，ニーズに応じて，コンテンツのバージョンアップ，入れ替えなどメンテナンスを行わなくてはなりません。また，新規追加のコンテンツは必ず必要になります。そのほか，維持管理するための人員も必要となります。

このように考えると，e ラーニング導入はコスト負担が大きいと思われますが，決してそうではありません。重要なことは，教育費全体がどのように推移するかどうかを考えなくてはならないことです。

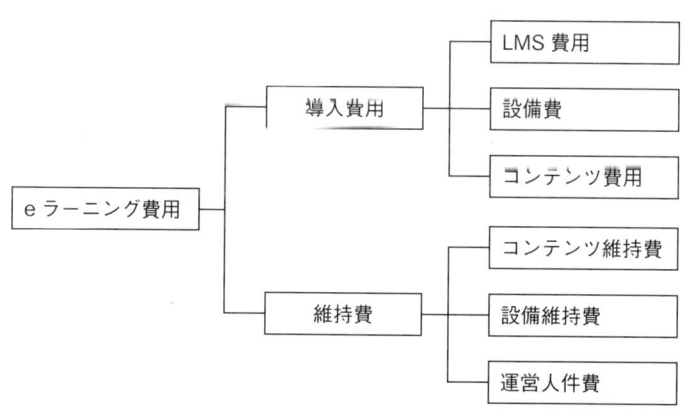

図1.7　e ラーニングの費用構成　［出典：e ラーニング導入ガイド（2004）］

前述のアンケートの結果でも，企業が人材育成に積極的な投資をすることが前提であれば，企業の成長とともに，人材投資額は増加していきます。つまり，eラーニングも投資対象となって増加していくことになります（図1.6）。この場合，売り上げに占める教育がどの程度を目標としているのか，従業員1人当たりの投資はどのように推移しているのかなど，適時把握していれば，適正投資かどうかの判断指標となります。企業が従業員1人当たりに投資している教育研修費の推移は，図1.8のようになっています。

　2005年後半より企業の業績回復によって，人材教育に関する積極的な投資が行われるように変化してきました。ちなみに，グローバル社会で業績にすぐれているトップ企業の人材開発投資は，日本のこの現状と比較すると，かなり大きいものです。人材開発で積極的な投資を行っている欧米企業の代表は，GE，IBM，リッツカールトン，モトローラなどが有名です。これらの企業は，売り上げの1.5％以上の教育投資を行い，研究開発費と同じ位置づけです。特に投資が将来の成長につながるという概念が浸透しています。

　この考え方は，投資額が大きければよいということではありません。事業の成長と効果的な人材教育への投資が把握されているかということです。そして，eラーニング投資は，教育費全体との配分で考える必要があります。つまり，既存の教育とeラーニングによる教育をどのように効果的に配分すれば最も効果的かを考えることが必要なのです。ここで，考えなくてはならない概念が，ブ

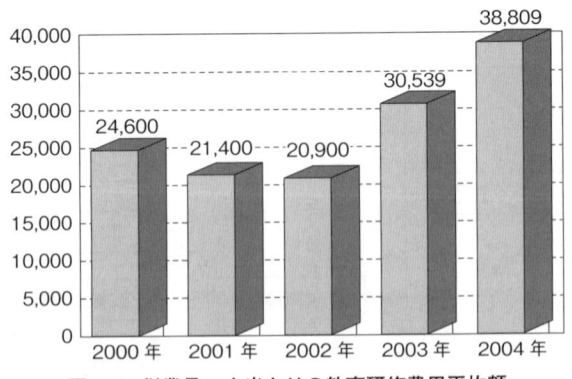

図1.8　従業員1人当たりの教育研修費用平均額

［出典：企業と人材（2005年調査）］

レンディッドラーニングです。

　ブレンディッドラーニングの活用を通して，研修により学習効果を得る部分とeラーニングによって効果を高める部分を振り分け，全体の学習効果を高めることができます。

　ここでは，eラーニングの費用について述べてきましたが，結論としてはeラーニングの費用という側面だけをみれば，システム導入にある程度の導入コストや，維持費は発生します。そして活用していくほど，より高度な機能が必要となります。しかし，この投資判断は教育全体で捉えることであり，さらに教育効果がどのように推移するかを判断しなくてはならないということです。

1-2　eラーニングを導入すれば研修は不要になる？

　eラーニングを導入すれば，集合研修を減らせることができるか，または不要になるかという議論があります。ここでは，eラーニングと集合研修の関係について述べます。

　まず，あなたの会社の集合研修の状況について5つの質問をします。

◎ブレンディッド・ラーニング（Blended Learning）
　集合研修とeラーニングを組み合わせ，双方のメリットを活かした研修や学習の方法。学習の動機付けやスキルの習得を集合研修で行い，知識の習得はeラーニングで実施するのが一般的である。研修の時間や経費の削減だけでなく，それぞれの手法の特徴を活かした効果的な研修が可能になる。
　たとえば，新人教育にブレンディッド・ラーニングを導入する場合，最初に業界知識や製品知識をeラーニングで自己学習させ，その後に集合研修を実施して社員としての動機付けを行なったり，マナーや実務スキルを教えたりするという方法になる。
　集合研修とeラーニングの組み合わせには，以下のような多様な形態が考えられる。
①eラーニング＋集合研修
　（事前学習を済ませた後，教室でインタラクティブな学習を実施する）
②eラーニング＋集合研修＋双方向eラーニング
　（事前学習と教室研修，その後のバーチャルクラス）
③集合研修＋eラーニング
　（集合研修後のフォローアップのために自己学習を実施する）
　この場合のeラーニングには自己学習だけでなく学習者同士のディスカッションやバーチャルクラス，チュータリングやメンタリングも含まれる。
　［「日本イーラーニングコンソシアムホームページ」『用語集』より
　http://www.elc.or.jp/kyoutsu/yougo.html］

1-2-1　質問1．集合研修は効果的ですか？

　研修効果がどのように得られるのか。研修開催者にとって重要なテーマです。eラーニングに限らず，人材教育のセミナーなどで，最後に参加者から出る質問で最もポピュラーな質問になっています。教育効果については，いろいろな研究が行われていますが，世界中の教育担当が最も基本的に使っている理論があります。カークパトリックの4段階理論です。

　カークパトリックの4段階評価法は，教育界では最も浸透している理論です。そしてこの考え方は，当然，eラーニングにも適応されます。

　レベル1の反応のレベルにおいては，eラーニングを受けた直後に，内容についてアンケート形式で評価づけることができます。eラーニングはアンケートをとったり，集計をしたりすることは最も得意とする領域です。

　レベル2の学習の評価においては，eラーニング進行中や最後に，テストや理解度を調べることによって，学習目標到達結果を把握することです。そのためには，eラーニングコンテンツ設計の段階で，学習目標を明確にしておく必要があります。

◎カークパトリックの4段階評価法

　アメリカの経営学者のカークパトリック博士が1959年に提案した教育の評価法のモデル。
　教育の評価は，教育プログラムの改善や教育品質，効率向上のために重要であり，カークパトリックの4段階評価法が世界的に定着している。
　4段階モデルとは，
- レベル1：Reaction（反応）
  受講直後のアンケート調査などによる学習者の研修に対する満足度の評価
- レベル2：Learning（学習）
  筆記試験やレポート等による学習者の学習到達度の評価
- レベル3：Behavior（行動）
  学習者自身へのインタビューや他者評価による行動変容の評価
- レベル4：Results（業績）
  研修受講による学習者や職場の業績向上度合いの評価

　レベル1，2は多くの企業が研修実施時に評価を実施し，評価結果を次回の教育プログラムの改善や効果測定に役立てている。eラーニングシステムは一般に，レベル1，2の評価支援機能を備えており，効率的に評価ができる。
　一方，レベル3，4はそのプログラムを継続するかどうかを決めるときの統括的評価に用いられる。しかし，レベル3，4は評価を行うために，技術と経験が必要なため，アメリカでも実施している企業は少ない。今後インストラクショナルデザイン技法の利用などによる評価の実施が望まれている。
　[「日本イーラーニングコンソシアムホームページ」『用語集』より
　http://www.elc.or.jp/kyoutsu/yougo.html］

レベル3, 4においては，集合研修もeラーニングも基本的な効果測定の手法はほとんど同じです。このレベルでは，行動と業績が，研修あるいはeラーニングを受けることにより，どのように影響され行動変容したのかを把握するレベルです。そして，業務遂行を通じて評価されなくてはなりません。例えば，集合研修後，参加者へのアンケートを行い，参加者からフィードバックをもらう方法があります。この場合，フィードバックを受ける対象者を選択することと，フィードバックのタイミングが重要です。

　例えば受講者に，研修やeラーニングで得た知識やスキルを行動に移したかを質問しても，本当にその行動を実施しているのかは根拠に乏しいものです。行動の変化を確認するためには，360度または180度評価のフィードバックを行う手法が有効です。つまり，本人の自己評価に加えて，部下や上司に行動確認のアンケートをとることです。また，フィードバックのタイミングについても，研修やアンケート直後ではなく，ある程度の期間を設けることが有効です。これは研修やeラーニングの学習内容にもよりますが，一般的に学習直後に記憶していた学習内容は時間の経過とともに忘れるスピードが加速するためです。

　これは19世紀のドイツの心理学者，ヘルマン・エビングハウスが証明した，忘却曲線という理論です。この実験によると，学習直後100％覚えていたものが，20分後には58％しか覚えていません。つまり，42％はすでに忘れているということになります。順に，1時間後には56％は忘れ，9時間後には64％は忘れ，1日後には74％忘れ，6日後には76％忘れ，1カ月後には79％忘れてしまいます。

　グラフに書くと図1.9のような $y=1/x$ の関係式ができあがります。

　エビングハウスの実験を参考にすれば，研修でもeラーニングでも，学習直後で記憶している時点で行動がどのように変化したかどうかを調査するより，1カ月程度経過した時点で調査すると，より効果が現実的になります。

　このように，研修もeラーニングもどのような効果が得られているのかを継続的に評価することによりフェアに比較でき，必要性を判断できます。

　また，カークパトリックに続き，ほかにもさまざまな学習効果を判断する手法や理論が提唱されました。ジャック・フィリップスは，カークパトリックの

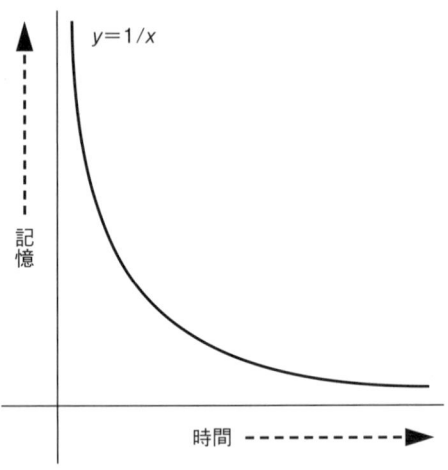

図 1.9　忘却曲線

レベル 4 に続き，5 番目の段階を示し，レベル 5「ROI」の概念を発表し，投資に対する回収の必要性を唱えました。理論的には，学習にかかわる投資に見合った回収効果を把握するという考え方です。実際にはこのレベルで投資と回収の効果測定をしている事例は少ないのですが，ある程度明確になれば，研修は効果的かどうかの判断指標としては最も納得性が得られるかもしれません。

1-2-2　質問 2．集合研修は開催運営に負荷がかかっていますか？

集合研修の実務フローは，「開催日調整」，「参加者の募集」，「会場準備」，「テスト」，「参加受付」，「評価」，「研修結果記録」など，さまざまな受け入れ態勢を整える必要があります。

ときに参加対象者の多い企業は，参加者の選抜や，登録作業，会場準備だけでも多大な作業量が発生します。さらに研修後は，テスト結果の集計，アンケートなどの回収集計など，開催にあたる作業量が膨大な時間をとってしまう場合があります。これが開催運営の負荷です。e ラーニングは，LMS という研修管理の仕組みができたことにより，これらの研修開催の事務的作業を大幅に軽減することが可能です。集合研修の開催運営の負荷を軽減できる仕組みとして LMS の特徴は次のような点が考えられます。

- LMSは，参加者の履歴管理ができる

　履歴項目には参加者の過去の研修結果，コンピテンシー，成果，さらには今後必要な学習スキルや研修の種類などを管理項目に入れると効果的です。また，学習管理と人事管理がリンクされるか一致していると，人事考課・配置転換，さらにはキャリアパスの管理と幅広い人材開発管理が可能となり，人事教育担当者の業務負荷を軽減させるばかりか，生産性の向上が可能となります。

- LMSは，学習者の進捗管理ができる

　eラーニングは学習者のモチベーションが学習効果に重要な影響を与えます。個人のやる気によって，学習の継続性が損なわれたり，学習スピードが遅れたりします。進捗管理は，学習者個人個人の学習の進捗状況を質と量の両面から容易に把握でき，必要に応じてメールなどでプッシュすることも可能です。eラーニング特有の学習者の孤独感も，進捗管理の使い方次第では，個人の能力に応じた個別指導が可能となります。また，学習者が多い場合は，能力やスピード，終了率などの比較が可能となり，個別指導などができます。

- LMSは，学習コンテンツの配信ができる

　通常，集合研修の場合，学習教材として「PowerPoint」，「講義用台本」，「テスト」，「配布資料」などさまざまな資料が必要です。またその資料を配布するための出力，内容の更新，データとしてまたは現物として保管する必要があります。これらの管理が，LMSでは自動的に可能になります。ただし，学習コンテンツは常に企業環境に合わせて最新の内容に更新する必要があります。

　このようにLMSを活用して学習者を管理することにより，集合研修で行うような管理者の負担は大幅に軽減が可能です。学習者の管理は，自社内のサーバに構築する場合とプロバイダーのシステム内で活用する場合があります。導入する際，既存の学習管理はどのようなフローや作業が行われているのかを十分分析して導入すれば，効率的な学習管理を選択することができるようになります。

1-2-3　質問3．集合研修の学習効率はよいですか？

　eラーニングを導入すれば研修は不要になる？という命題を考えるとき，自社の既存の集合研修は，学習の効率がよいかどうかを考えてみることがポイントになります。集合研修の内容は，一般的に3つの種類があります。「テクニカルスキル」，「コンセプチャルスキル」，「ピープルスキル」です。

● テクニカルスキル

　技術や行動規範をトレーニングすることで，業務遂行のための教育です。例えば，メーカーであれば「機械の使い方や作業の手順」，サービス業であれば「接客応対のやり方」，事務職であれば「パソコンを使うためのスキル，WordやExcelの使い方」などがあります。これらのスキルは，集合研修で行うことも多いのですが，現場でOJT（オンザジョブトレーニング）を行いながら体得させるトレーニングも行われています。

● コンセプチャルスキル

　物事の考え方，理念やコンセプトを伝えるためのトレーニングです。論理的思考，概念的思考，戦略思考，問題解決力などを形成するためのスキルです。「ロジカルシンキング」，「プロジェクトマネジメント」などがよく行われるトレーニングですが，業務スキルを支援するための教育でもあり，接客サービスをトレーニングするため「ホスピタリティの考え方」を教育したり，目標管理を教育するため「ビジョン・ミッション教育」などがあります。

● ピープルスキル

　組織で活動していくために最も基本となる重要なスキルがピープルスキルです。対人スキル，コミュニケーション力，チームワーク，リーダーシップなどの能力は，どのような活動を行うにも基本形成が必要です。「コーチングスキル」，「ネゴシエーションスキル」，「コミュニケーションスキル」など多くの企業で研修として導入が広がっています。

　このように教育する内容を3つのスキルに分けて考えた場合，集合研修によ

ってトレーニングすることが一般的です。ここで考えなくてはならいことが，教育目標の設定です。

　企業は自社の求める人材像に，求める能力は何か，期待される成果を発揮してもらうにはどのようなスキルや行動が必要なのかを明らかにし，そのスキルを教育します。そして，それぞれの学習目標に到達させるためには，どのような教育の手法を使うことが最も効果的なのかを考えます。

　例えば，テクニカルスキルを集合研修で行うよりも，現場で直接トレーニングした方が効果的な場合もあります。反対に，現場で教育する機会が少なく，集合研修でロールプレイによって，テクニカルスキルを実践した方が学習効果を高める場合もあります。

　ここで，eラーニングの可能性を探ることが必要です。eラーニングには次のような特有の教育効果を上げる特徴があります。

- 個人的に学習が可能
- 繰り返し学習が可能
- いつでも学習が可能
- どこでも学習が可能

　これらのeラーニングの特徴を活かし，集合研修より効率的な学習サポートが可能となります。

　さらに，eラーニングならではの特殊な学習手法も活用できます。

- シミュレーション機能の活用

　シミュレーション機能は，現実では体験できないトレーニングを仮想現実として体験することができる機能です。テクニカルスキルとして必要なことは，コンピュータの中でバーチャル体験をできます。「クレーム応対」，「緊急対応」，「機器の分解組み立て」などは，テクニカルスキルの中であまり体験できません。しかし，シミュレーション機能を使えば何回でもバーチャル体験が可能です。

- テスト機能の活用

　eラーニングでのテストの機能は，実際の集合研修で行うテストより，より

効果的なテストが可能になります。eラーニングによって学習した進捗状況や，参加者のレベルに応じて，テスト内容を個別に変えることが可能です。テストを行った直後に集計し，ランキングを決めることも瞬時にできます。テスト自体も選択形式，記述形式だけでなく，回答内容によって分析をしたり，レベル分けをしたり，次の学習内容を提示するなど，さまざまな活用が可能となります。

● EPSS（エレクトリック・パフォーマンス・サポート・システム）の活用
　EPSSは，いつでも必要なときに業務をサポートする仕組みです。この機能は，集合研修での業務教育とは異なり，業務を行いながら必要な知識・手順をアドバイスまたはナビゲートする機能です。

　このように，集合研修には集合研修の効率性があり，eラーニングにはeラーニングの効率性があります。学習設計の際に，何が学習目標に到達させるために最も効果的であるのかを十分検討して作り上げなければなりません。

1-2-4　質問4．集合研修の参加者は物理的な時間負担を考えていませんか？

　集合研修に喜んで参加するという研修の文化を作り上げた企業はすばらしい。参加者にとって，集合研修に喜んで参加したいという文化を築き上げた企業は

◎EPSS（Electronic Performance Support System）
　　組織のパフォーマンス（仕事）の効率やスピードの向上を支えるアプリケーションシステムをEPSSと呼び，非常に広い概念を持つ。
　　初期は，コンピュータアプリケーションの操作に困らないようにサポートするシステムを指していた。たとえば，Microsoft Officeのヘルプ機能の一つである「イルカ」などである。また，特に米国においては，デジタルマニュアルやオンラインで成功事例を参照するなどのナレッジマネジメントシステムと境界線を接しながら，広く業務遂行時に必要とされる情報や知識を提供するシステムをEPSSと呼んでいる。日本における概念の普及とシステムの実装がこれからの課題で，eラーニングエンジンへの搭載，あるいはeラーニングのジョブエイド的な使い方として，研究がその緒に就いた段階である。従業員が近未来の業務遂行に必要な学習を必要な時に，必要な人に，必要な場所で，必要な形態で与えることがeラーニングの使命とすれば，EPSSは従業員が現在の業務の遂行に必要な情報を必要な時に，必要な人に，必要な場所で，必要な形態で与えることである。eラーニングのエンジンを基盤としてEPSSを考えるときには，検索性能の付加，または向上が必須で，XML技術のさらなる適用が必要になる。
　　［「日本イーラーニングコンソシアムホームページ」『用語集』より
　　http：//www.elc.or.jp/kyoutsu/yougo.html］

少ないかもしれません。それでは，なぜ研修が重荷になるのでしょうか。いくつか原因は考えられます。「内容がおもしろくないと考えられる場合」，「内容に自信が持てない場合」，「忙しくて参加したくない場合」などさまざまです。ここでは，参加者が考える物理的な時間負担について考えてみましょう。集合研修は2～3時間の研修から，長いものは1カ月などの長期の研修があります。また，研修に参加するための通勤時間の負担もあります。全国規模で従業員を集合研修の場所に集めるとなると，それなりの工夫も必要です。最も遠い人が開始時間に間に合うように時間を遅くしたり，逆に終了後その日のうちに帰ることができるように終了時間を早くしたりする工夫です。いずれにしても，企業としては参加者に，何らかのスキル向上や成長を期待するための研修ですが，参加者にとっては，通常の業務以外の時間が拘束さることは事実です。ここで，考えるべきことは，参加者の時間的な負担を抱かせない工夫です。集合研修に参加した後の満足度は期待どおり，または期待以上であれば，参加者の時間的な負担などは一気に解消されます。しかし，これは課題としては大変大きいものです。

　そこで，eラーニングの活用が考えられます。eラーニングは当然パソコンを経由して，いつでも好きなときに好きな時間で受講が可能です。ただし，eラーニングには学習の仕組みとして，同期型学習と非同期型学習という条件が加わります。これも考慮しなければなりません。

　同期型学習の場合は，学習者が学習提供者と同じ時間に開始しなくてはならないため，時間的拘束はあります。ただし学習場所は，パソコンでインターネットさえ接続できれば，どこでも可能です。最近では，好きなときに必要な学習コンテンツを使えるオンデマンド方式の学習コンテンツも増えてきました。オンデマンド方式とは，学習コンテンツを必要に応じて，自分のパソコンにダウンロードして，いつでも自由に学習するスタイルです。これは，CDで学習するCBT（コンピュータベースドトレーニング）という，まだWebを使って学習する仕組みがなかった時代の学習と，基本的には同じ方式になります。しかし，ダウンロードする際，コンテンツをいつ誰が学習をしているのか管理されているため，eラーニングの仕組みのひとつといえます。いずれの方法でも，同期型学習，非同期型学習は時間，場所ともに集合研修と比較して負荷は少な

くなります。

　しかし，集合研修は，時間的な負荷が多く，eラーニングがよいという短絡的な結論ではありません。前述の研修効果で説明したように，集合研修には集合研修の効果があり，eラーニングにはeラーニングの効果があることを十分検討して設計しなくてはなりません。あえて集合研修してでも直接顔を合わせて学習することが効果的であれば，時間的な負担があったとしても集合研修を選択すべきかもしれません。逆に，集合研修で行わなくてもパソコンを経由して，学習者の主導で学習できる内容であると学習者が判断すれば，集合研修は負担が多く，学習効果が下がってしまいます。同じことがeラーニングにも言えます。eラーニングにしても，直接顔をみないと学習効果が低いと学習者が感じるコンテンツであれば，学習者は，eラーニングを行う時間は無駄と考えます。この意味では，学習効果のところで説明したことが，設計上の重要ポイントになります。

1-2-5　質問5．集合研修は社員の増員に即座に対応できますか？

　企業の成長は，従業員の増員を伴う場合が多いものです。従業員教育でむず

> ◎同期型学習／非同期型学習
>
> 　同期は作業などを同じ時間に合わせて行うこと，非同期はそれぞれ勝手な時間に行うこと。eラーニングにおいて同期型学習とはインターネットテレビ会議などのリアルタイムで行われる双方向システムを用いた学習を指し，また非同期型学習とは自分のペースで学習することで，学習の進捗状況はネットワークを通じた学習管理システムで自動的に把握できるといった学習を指している。
>
> 　同期型学習は，衛星通信を利用した多地点を結んだ学習の発展した形である。インターネットを用いたシステムでは出席者の姿を動画で配信したり，アプリケーションを双方向で共有したりするコラボレーション機能を備えたものもあり，集合研修と同様のリアルタイム性とインタラクティブ性の高いeラーニングを実現できるようになっている。
>
> 　非同期型学習では，学習者は自分に合ったペースで学習し，学習管理者は学習進捗度などの情報をほぼリアルタイムに把握できる。多くのeラーニングベンダが非同期型学習を実現するLMSと多様なコンテンツ（ITスキル，資格取得，経営管理系など）を提供しているので，単にeラーニングと言ったときは非同期型学習を指すこともある。
>
> 　非同期型学習では，自分のペースで学習できる反面，意欲の低い学習者の学習を持続させることが難しい。一方，同期型学習は，集合研修と同様，多くの学習者に同時に臨場感のある学習を提供できるが，運用上の制約（すべての学習者を同時刻に参加させるなど）やネットワークの制約（動画や音声を送るための広帯域のネットワークの整備など）を受けるという短所がある。2つの学習方式の特徴を理解し，学習の目的によって使い分けを図ることが必要である。
>
> ［「日本イーラーニングコンソシアムホームページ」『用語集』より
> http：//www.elc.or.jp/kyoutsu/yougo.html］

かしいことのひとつに，各職位に必要な学習をリアルタイムに提供できるかという課題があります。

ジャスト・インタイム・ラーニングという概念がありますが，学習者が必要なときに必要な学習を提供するという考え方です。従業員の増員に伴い，学習環境をリアルタイムに提供するのは，なかなかむずかしいものです。集合研修で発生する2つの困難な課題を抱える例を紹介します。

• 例1. 階層別研修の場合

階層別教育において，集合研修を行う場合を考えてみます。新入社員が50人入社したとします。一般的に，新入社員教育はマストレーニングで開始する場合がほとんどです。つまり50人を一堂に集め集合研修を行います。集合研修の1回の人数としてさまざまな考え方がありますが，双方向でコミュニケーションを行いながらディスカッションなどを行い，効果的に研修を実施できるのは12～24人です。欧米諸国の企業内研修では，一般的な指標と考えてよいでしょう。この指標を適用させると，50人というサイズは2回に分けた方がよいということになりますが，通常は1回を工夫して行います。

研修が終わると，ある一定の時期を経て，それぞれの成長に合わせて階層（職位）が上がっていきます。一般的には，50人がそのままの人数で職位が同じタイミングで上がることはほとんど考えられません。通常は徐々に次のステップの階層別教育の対象人数は減っていきます。また，中途採用者が途中のタイミングで増員されたり，業務の都合上，研修参加予定者に欠席者が現れたりすることもよくあります。つまり，集合研修の難しさは，参加者の人数調整や対象者調整です。まして，効果的な人数を考慮に入れるとさらに難しくなります。

• 例2. 短期間で緊急の研修を行う場合

急いで短期間の間に，従業員全体に学習させなくてはならない場合，学習機会の提供が困難な場合があります。従業員が数十人の場合は，一堂に会して一斉に研修や説明を行うことは容易です。しかし，数千人規模の企業ともなると，教育には一定の期間が必要です。従業員人数ばかりでなく，業務の種類や部署によっては，研修や説明を受けるためのタイミングを合わせることが困難な組

織もあります。つまり，緊急かつ短時間で従業員全体の学習機会を提供することはなかなか困難ということです。具体的には，法改正や緊急対応などでの事例があります。個人情報保護法の施行や，コンプライアンス教育，労基法の法改正など，ここ数年，一斉に従業員全体に浸透させなくてはならない学習案件が発生しました。多くの企業は，説明会を何回も繰り返し実施する教育を行ってきました。数千人から数万人規模の企業ともなると，このような概念を浸透させるためには1年近く研修を続けなければならない場合も数多くあります。

このような状況を考えると，eラーニングは仕組みをうまく集合研修と組み合わせることで，解決できることがあります。eラーニングは，学習者が必要なときに必要な学習を提供するというジャスト・インタイム・ラーニングが可能な仕組みでもあるのです。

1-3　eラーニングは中小企業より大企業向き？

　eラーニングの導入は比較的大企業から始まったことは，データでも明らかです。しかしeラーニングに限らず，企業が大きな投資を必要とするようなシステムを導入するのは，往々にして大企業から始まるため，eラーニングも大企業から導入されるのはめずらしいことではありません。しかし，eラーニングは大企業しか導入できないような大規模システムなのでしょうか？答えはNOです。たしかに，eラーニングが普及しはじめた1999年ころのシステムは，最低でも1,000万円以上の初期投資が必要で，教育投資にそれだけの投資をできる中小企業はあまりありませんでした。この時代，最も投資のハードルが高かったのは，システム投資よりeラーニングを使うためのパソコンやネットワーク環境の整備でした。eラーニングに限らず，個人が使用できるパソコンが限られている企業や，ネットワークにつながれたパソコンが整備されていない企業は，eラーニングへの投資を躊躇していたかもしれません。現在はどうでしょうか。企業の中ではメールが一般的に使用されるようになり，1人1台のパソコンは中小企業でも多くなってきました。1人1台の環境になくてもネットワーク上にIDを持つことが多くなりました。インフラも整備されています。

それでは中小企業と大企業は，eラーニングについて何が異なるのでしょうか。この答えを探るには，eラーニングという視点で考察してはいけません。人材開発が中小企業と大企業では何が違うのか，何が同じなのかを考える視点が必要です。いくつかの視点で比較してみます。産業労働研究所が毎年，企業の教育研修の実態調査を行っています。この結果から，従業員数からみた企業規模の大きさ（従業員1,000人以上と999人以下の比較調査）により，教育研修の実態が把握できます。

1-3-1　企業の教育投資の現状

従業員1人当たりの教育研修費と，総売り上げに占める教育研修費用の比率は表1.1のようになります。

表1.1　従業員1人当たりの研修費と総売り上げに占める研修費の割合

	1,000人以上	999人以下
教育研修費（1人当たり）	32,334円	46,400円
教育研修費用（対総売り上げ）	0.090%	0.081%

［出典：企業と人材（2005年調査）］

大規模企業の方が，1人当たりの教育費が少ないのは，従業員数が多い企業の方が，1人当たりの投資効果は効率的になるためです。反面，同じ従業員にかける教育費は，実際には小規模企業の方が手厚く投資しているともいえます。企業全体では，総売り上げに対して，大企業の方が従業員数が多い分，投資総額も多くなり，売り上げに占める教育費も中小規模企業に比較して多くなります。欧米諸国では，教育に積極的な企業は，フォーチュン500社に載るような優良企業で，総売り上げに占める教育投資が1〜2%という企業も珍しくありません。1兆円を超える巨大企業もあるため，教育投資は巨額であることが推測されます。

1-3-2　教育研修状況

各種教育研修の内容はどうでしょうか。表1.2，表1.3の順位は企業が行っている研修の集計結果です。

表1.2　1,000人以上の企業が行っている研修の種類で多いトップ5とワースト5

研修の多いトップ5	研修の少ないワースト5
1位　新入社員教育	1位　職種転換教育
2位　初級管理者教育	2位　研究開発者教育
3位　中堅社員教育	3位　国際人・海外要員教育
4位　新入社員フォロー教育	4位　環境教育
5位　中堅管理者教育	5位　キャリア教育，教育スタッフ教育，ISO

［出典：企業と人材（2005年調査）］

表1.3　999人以下の企業が行っている研修の種類で多いトップ5とワースト5

研修の多いトップ5	研修の少ないワースト5
1位　新入社員教育	1位　国際人・海外要員教育
2位　中堅社員教育	2位　研究開発者教育，キャリア教育，問題解決
3位　初級管理者教育	3位　環境教育
4位　中堅管理者教育	4位　教育スタッフ教育
5位　上級管理者教育	5位　コンプライアンス教育，企業倫理

［出典：企業と人材（2005年調査）］

　この数値を比較してみると研修を積極的に推進している内容は企業の大小にかかわらず概ね違いはありません。反対に研修の少ない項目は若干の違いがみられますが，これはやりたくても対象者が少なかったり，研修以外で学習させていることも考えられます。

1-3-3　教育研修予測

　それでは，教育担当者として今後新たに実施したい学習内容についてみてみましょう。

　表1.4，表1.5のように大企業と中小企業を比較すると違いはみられますが，別の見方をすると，今後導入していきたい項目は，比較的コミュニケーションスキルといわれる内容が多く，集合研修やコーチング，メンタリングのような，直接フェイスtoフェイスで行う方が効果的な内容が多くみられます。

　一方，現在実施しているベスト5の項目は，比較的テクニカルスキルが多く，業務遂行スキルや作業スキルをトレーニングする必要がある内容です。これはeラーニング導入の機会点となります。

表1.4	1,000人以上の企業が今後新たに導入したい研修の種類で多いトップ5
導入したい研修のトップ5	
1位	キャリア開発
2位	コーチング
2位	早期選抜幹部教育
2位	リーダーシップ開発
5位	コンプライアンス，販売員教育，コミュニケーション教育

［出典：企業と人材（2005年調査）］

表1.5	999人以下の企業が今後新たに導入したい研修の種類で多いトップ5
導入したい研修のトップ5	
1位	コミュニケーション教育
2位	コンプライアンス
2位	目標管理教育
2位	早期選抜幹部教育
2位	中堅社員教育

［出典：企業と人材（2005年調査）］

　このように考えてみると，eラーニングは大企業向けかというと，ネットワークインフラやパソコン環境の整備，初期投資の低減など，導入しやすい条件はそろってきています。

1-4　eラーニングは1人1台のパソコン環境でないと効果がないのでは？

　eラーニングを広く浸透させる場合，個人ごとにパソコンを普及させないと活用できないのではないかという意見を聞きます。また，メーカーや外食産業，物販店などは現場でパソコンを置ける環境にないためeラーニングができないという意見も聞かれます。これらの状況を克服し，eラーニングを活用する方法は以下のようなことが考えられます。

1-4-1　DVDの利用

　事務職などパソコンがデスクに設置できる職場とは異なり，作業現場などパソコンが設置できない職場があります。そのような環境ではeラーニング学習に，DVDを活用する事例があります。DVDは，携帯タイプのDVDプレーヤーが安価で入手できるようになりました。DVDの特徴は大容量，高画質，高音質などで，一般的には映画などの再生メディアとして活用されています。しかし，教育コンテンツとして活用できる工夫もあります。データを大量に保存できることは当然ですが，シミュレーション機能，多言語機能，選択機能などが有効です。

例えば，シミュレーション機能が考えられます。DVDはプログラムとしてコンテンツをプログラミングして作製します。あるストーリーを作り，学習者の選択により，分岐するいくつものストーリーを作り上げることが可能です。テストを作成した場合，選択した内容によって，別の問題を出題させることもできます。ストーリーを作り，途中で問題を解きながら最良の選択によって，ストーリー展開をいくつもの分岐画面で作り上げることができます。また，多言語機能は従業員の使用する言語の種類を分けることができます。ただし，Webでネットワークにつながっているわけではないので，データを回収したり，更新したりすることはできません。ここでの活用のメリットは，eラーニング並みのシミュレーションやテストを携帯性のある再生機で学習できることにあります。

作業現場などで，動画マニュアルとして活用したり，作業手順をその場で確認したりすることも活用事例としてあります。

また，DVDというメディアはモバイルパソコンでも容易に再生できます。デスクトップは設置できないが，ノートパソコンであれば現場で設置場所が確保できるという職場も少なくないはずです。

DVDを活用した事例としてたびたび紹介されたのが，日本マクドナルドの活用事例でしょう。この企業は，もともと全国に点在する販売店舗のアルバイトと社員教育のツールとして，約30本（タイトル）のビデオ教材を使っていました。この仕組みをすべてDVDに変換し，携帯性のよい液晶画面つきのDVDプレーヤーを設置し，全国3,800店舗（1999年導入当時）に設置しました。

この教育ツールは，単なる動画教材というわけではありません。DVDならではの特徴を活かし，教育効果の最大化を図った事例です。大きな特徴は3つあります。

まず初めは，① 機器のメンテナンスマニュアルの活用です。マクドナルドでは，厨房機器の多くを，店舗スタッフがスケジュールに従って，定期メンテナンスを行う業務があります。しかし，店舗数が3,800店もあると，使用される機器の種類も多く，機器の入れ替えなどが激しいときは同じ用途で使用する機器が，店舗によって何種類もあり，自分の店舗の機器のメンテナンスをどのようにしてよいのか，覚えていられなくなっていました。また，店舗を異動する

と，新しい機械のメンテナンスを初めから勉強しなくてはならず，教育の制度が追いつきませんでした。そこで，DVDにすべての機器のメンテナンスのやり方をビジュアルの動画マニュアルにして配布しました。店舗スタッフは，機器の横に携帯のDVDプレーヤーを置き，指示に従ってメンテナンスを行います。一定の手順で再生を止める指示が出ると，プレーヤーをストップして実際にメンテナンスを行い，また再生して勉強します。この繰り返しにより，隣にトレーナーがついているかのようにメンテナンスを行う仕組みです。

　次のDVD活用は，②シミュレーション機能です。DVDはいくつかの選択によりストーリーを分岐させて，表現することができます。マクドナルドでは，店舗マネジャーが朝店舗に到着してから，帰るまでの業務をストーリー化して，画面選択しながら，最良の店舗運営を行うシミュレーションゲームを開発し，教育ツールとして活用しました。シミュレーションゲームを行うように，現場でリアルに近い体験をDVDで学ばせる教育を行いました。これは，DVDではなく，パソコンで行ってもよかったのですが，教育専用のパソコンを全店舗に導入する余裕がなかったことと，客席や厨房でもみることができるようにするためにDVDの活用を選択しました。

　もうひとつの特徴は，③多言語機能の活用です。本来，多言語機能は，複数の言語を切り替えて使用する機能です。英語や中国語，日本語などの言語に翻訳して，音声やテロップに出して活用します。しかし，マクドナルドの活用は別の意味での多言語対応を考えました。それは方言への対応です。全国展開しているマクドナルドは，店舗出店地域によって，当然方言の違いがあります。そこで，クレーム応対のDVD教材に，方言での対応を導入しました。クレームは，本来の方言で学んだ方が，よりリアルな体験になります。本当にクレームを計画的に学ぶことはできないので，DVDでのシミュレーションは学習体験としては，効果的です。日本マクドナルドのDVD活用の事例は，『eラーニング白書2005/2006年度』でも詳しく紹介されているので参照してください。

　このように，eラーニングは1人1台のパソコンで行うべきものという固定概念にとらわれなければ以下のような活用方法もあります。

1-4-2　集合研修の場でのeラーニング

　つくば市に吉沼小学校という学校があります。ここはインテルがサポートして，小学生の教室で，複数の生徒が数台のパソコンを工夫して勉強しています。このプロジェクトは，もともとパソコン教室で行っていた授業を無線LANを使って，学校のいたるところで学習を可能にすることから始まった授業です。生徒は校庭で撮影したデジタルカメラのデータをパソコンに入力し，その場でプロジェクターから再生したり，体育の授業ではマット運動をアニメーションで学んだあと，実際に自分で行っているところを撮影し，すぐに再生フィードバックをみんなでみながら学習しています。以前はパソコンは1人1台で単独で学習するというツールでした。現在はノートパソコンを使って，どこへでも持ち運び，画像はみんなで共有しながら，自分たちが活動している実際のデータをすぐに取り込み再生したり加工したりして，体感的に学習するツールとしています。この学校の事例は，パソコンを1人で行うeラーニングから，みんなで使いながらみんなで学習するツールへと変えてしまい，eラーニングの基本概念を変えてしまった事例でもあります。

　企業内教育の場ではそのような活用が考えられるでしょうか。あえてパソコンを集合研修の場でグループ活用することができます。テストやシミュレーションをグループで協議しながら進めていくことも効果的です。現場でグループ作業をする場で，スモールグループの教育を1台のパソコンを囲んで，画面を確認しながらOJTを行うという学習も可能性があります。そもそもパソコンは1人1台という考え方は，グループでの学習では考えにくかったため，eラーニングのひとつの活用方法の幅が広がります。

1-4-3　共有パソコン利用

　専用のパソコンでeラーニングを行うというのは，本人認証が必要という理由もひとつにはあります。パソコンの普及が1人1台ではない企業の場合は，共有パソコンを設置して，個人にパスワードを付与して交代で使用しています。しかし，共有でパソコンを使う企業で，eラーニングを行うには，本人かどうかの認証が課題となります。通常は，専用のIDを使ってそれぞれがアクセスする方式がほとんどです。しかし，これでは認証において「成りすまし」の可

能性がでます。eラーニングそのものが本人認証を厳密にするほどセキュリティを徹底しなくてはならないかどうかは企業によって異なります。最近ではハードに指紋認証などのセキュリティ機能をつけている場合も急激に増えました。仮に認証は厳しく管理する方針の場合は，指紋認証を活用することもできます。

1-4-4　モバイルツールの活用

近年モバイルツールの普及は著しいものがあります。最も代表的なツールが携帯電話で，ビジネスの世界では，ほぼ1人1台は携帯しています。ネットワークへの接続もメールの使用も含めて，ほぼ整備されているといってよいでしょう。携帯電話以外にもPDAや，最近ではiPodを代表とする携帯動画プレーヤーや携帯ゲーム機器なども急激に普及してきました。このようなモバイルツールの普及により，eラーニングもモバイルツールを使って使用するようにな

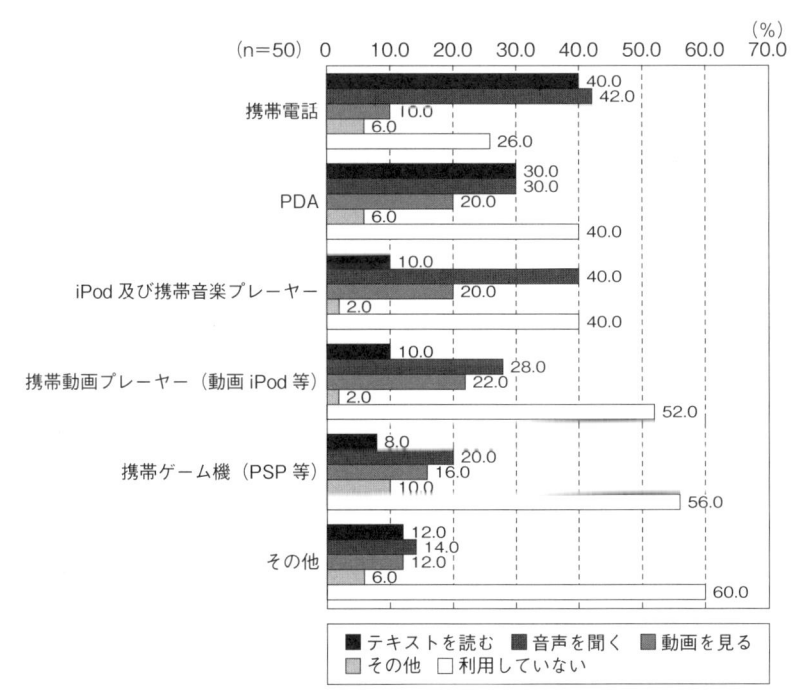

(n=50)	テキストを読む	音声を聞く	動画を見る	その他	利用していない
携帯電話	40.0	42.0	10.0	6.0	26.0
PDA	30.0	30.0	20.0	6.0	40.0
iPod及び携帯音楽プレーヤー	10.0	40.0	20.0	2.0	40.0
携帯動画プレーヤー（動画iPod等）	10.0	28.0	22.0	2.0	52.0
携帯ゲーム機（PSP等）	8.0	20.0	16.0	10.0	56.0
その他	12.0	14.0	12.0	6.0	60.0

図1.10　モバイルラーニングの利用方法

〔出典：eラーニングユーザ調査〔企業〕(2005, eLC)〕

ってきました.このようにモバイルツールを使い学習することを,モバイルラーニングといいます.携帯電話をはじめとして多くの場合は,インターネットへの接続を行って,パソコンによるeラーニングとほぼ同じ環境が実現できます.

テキストをみる,音声を聞くといった方法に加え,近年はiPodのように動画を大容量でダウンロードできる機能のモバイルツールが出てきたことにより,今後eラーニングのモバイル化は促進されることが予想されます.また,新たなモバイルツールとして,ゲーム機器の活用による学習コンテンツが急速に広まってきました.「任天堂DS」の誕生は,モバイルラーニングの普及に大きな影響を与えたといえます.これは,ネットワークにつなぎませんが,学習コンテンツとしての教育効果は極めて高いといえます.それは,コンテンツとして学習モチベーションやナレッジリテンション(記憶残存率)が心理学的にも研究され,個人ユーザーをひきつけました.同様に,iPodは,容易に動画コンテンツをダウンロードして,鮮明な画像と高音質で再生が可能です.そのため,英語学習や研修動画などで,個人が移動中などでも気楽に学習できるツールとして普及してきました.さらに将来的には,携帯電話のワンセグの配信環境も整うため,現在TV配信されている放送大学などの通信教材が配信されると予想されます.このようなモバイルツールにより,eラーニングはどこで使われるのでしょうか.

モバイルラーニングの個人ユーザー調査によると,54%が自宅での利用,42%は勤務先での利用です.モバイルツールを使ってのeラーニングは,特徴と

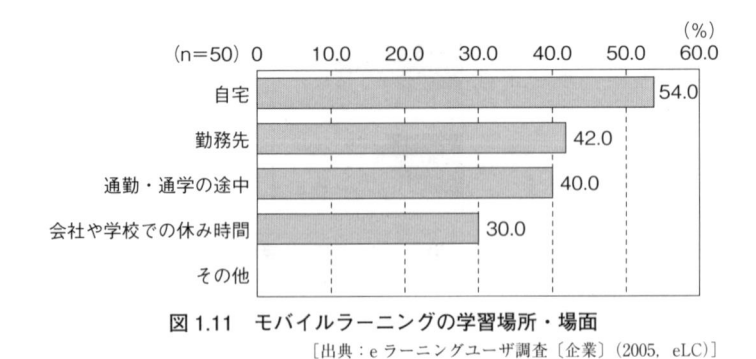

(n=50)	(%)
自宅	54.0
勤務先	42.0
通勤・通学の途中	40.0
会社や学校での休み時間	30.0
その他	

図1.11 モバイルラーニングの学習場所・場面

[出典:eラーニングユーザ調査〔企業〕(2005, eLC)]

して学習場所を選びません。このようにモバイルツールを使って，パソコンと同レベルのeラーニングができる環境は整っています。モバイルツールの利用であれば，1人1台というネット環境は軽微な投資で達成できます。

1-5　eラーニングについてはどのようにして学べばいいの？

　企業においてeラーニングを何らかの形で担当することになった場合，業務遂行のためには，どのように必要な知識や情報を得ることがよいでしょうか。ここではeラーニングに関する情報収集と知識取得について考えてみます。

　まず，eラーニングの情報や知識が必要なeラーニングに携わる職種にはどのような職種があるかについて考えてみます。eLCでは，2005年4月よりeラーニングプロフェッショナル（eLP）研修委員会を発足させ，日本におけるeラーニングの専門家をユーザー側で「マネジャー」，「エキスパート」，「チューター」，ベンダ側で「コンサルタント」，「ラーニングデザイナー」，「コンテンツチューター」，「SCORM技術者」の7職種に分類しました。

● マネジャー

　eラーニング導入の責任者であり，導入時においては，企画・提案プロジェクトの立ち上げ管理から，導入に関しての進行責任を持つ。eラーニングについては総合的な知識が必要だが，eラーニング以外にも人材開発にかかわる総合的な知識，プロジェクトマネジャーとしてのマネジメントの知識とスキルを持っていることが望まれる。

　実際には，eラーニングを導入するとき，このマネジャーの役割をするのは，人事・教育に所属するか，情報システム系に所属している。人事・教育に所属するマネジャーであれば，eラーニングの仕組みや，幅広い意味でのITスキルは持っていた方がよい。

　情報システム系のマネジャーであれば，人事・教育の知識のうち，社内の人材教育の仕組みや教育課題は持っていなくてはならない。

図 1.12　e ラーニング専門職の職種

[出典：e ラーニング白書（2006）]

- エキスパート

　e ラーニング導入における実務担当者で，企画，設計において実務を担当する。必要な能力としては，インストラクショナルデザイン，基本的 IT スキルが必要となるが，e ラーニングや IT スキルにかかわる最新情報を常にウォッチングする情報収集能力が高い人材が望まれる。

- チューター

　e ラーニング学習の支援者。学習者の進行状況を個別に把握し，必要に応じてサポートする。e ラーニングコンテンツそのものの内容を把握し，操作上の知識や，学習コンテンツ自体の内容に精通している必要がある。学習者と直接コンタクトを取る場合もあるため，コーチングスキルを持つことやコミュニケーション能力の高い人材が有効である。

- コンサルタント

　e ラーニング導入計画提案者の支援者。マネジャーやエキスパートの業務支

援や相談にのることから，eラーニングに関する一般的知識，最新情報のほか，コンサルティングとして最も重要な人材開発にかかわる知識・情報を収集できることである。eラーニングだけの知識・情報だけでは，効果的な人材開発の仕組みとしてのeラーニングは提案できない。また，コーチング，ロジカルシンキング，コミュニケーションスキルなど一般的なコンサルティングスキルは当然だが，業界情報・業界動向など，タイムリーに収集できるネットワークを持っていることが望まれる。

● ラーニングデザイナー

　eラーニングの導入担当者。ユーザー側のエキスパートの技術的支援者。エキスパートと同様にインストラクショナルデザイン，基本的ITスキルは必須であるが，eラーニングやITスキルにかかわる最新情報を常に得るためのネットワークを持ち，技術力向上のための自己啓発を怠ることのない人材が望まれる。

● コンテンツクリエーター

　ラーニングデザイナーの指示で，コンテンツを開発する担当者。ITスキルやWebデザインの知識，情報は常に最新のものにしていることが望まれる。コンテンツ開発のためには，競合やほかのコンテンツの技術情報や開発情報を収集することが技術力向上に役立つ。

● SCORM技術者

　コンテンツ標準規格であるSCORM技術を取得している技術者。eLCはSCORMアセッサの認定資格を発行している。プログラミングやWebデザインのスキルを有していることが望ましい。

　このようにeラーニングにかかわる職種はさまざまあり，それぞれに必要なスキル・知識が必要ですが，これらの技術を習得するには，単なる経験だけでは向上は望めません。自己啓発のためにはさまざまな学習方法があります。

1-5-1　書籍で学ぶ

　eラーニング関連の書籍はかなり幅広く出版されています。総合的に情報収集するには，経済産業省商務情報政策局情報処理振興課監修の『eラーニング白書』(東京電機大学出版局)がよいでしょう。毎年専門家による幅広いネットワークによって収集された情報や，事例などが豊富に掲載されています。

　eラーニングに関する基礎知識を収集するには，さまざまな書籍がありますが，誰を対象に書かれたかを考慮し，自身の業務や必要とする情報の種類によって選択することをお勧めします。特に，前述したeラーニングの職種によって，必要とされる情報や知識は異なります。

　また，IT技術の情報が多いため，情報の新鮮さは重要な選択肢で，発行年度や再版年度はできる限り最新の書籍を入手しましょう。

1-5-2　学校で学ぶ

　日本においては，長年eラーニングに特化した学習カリキュラムを持つ学校はほとんどありませんでした。しかし2006年4月より，熊本大学大学院が，インターネットでの授業を中核として，日本では初めてのインストラクショナルデザイナーを育成する「教授システム学専攻」を立ち上げました。目的としては，eラーニング開発の高度専門職業人の育成です。

　また青山学院大学では，主に3，4年生と大学院生を対象とした「eラーニング専門家育成プログラム」によるeラーニング専門家育成教育と資格認定が始まりました。

　各種IT人材育成やWebデザイナー育成プログラムを持つ専門学校などでも，部分的なスキル開発では，基本的な学習ができるカリキュラムを用意しています。

1-5-3　インターネットから学ぶ

　ネット検索するだけでもeラーニングに関する情報は，大学，専門機関，ベンダ，そしてeLCのホームページからでも最新情報が発信されています。インターネットは情報を収集するためには，大量の情報を即座に検索収集することが可能です。ただし，課題もあります。それは情報の信頼性です。どのような

情報でも瞬時に入手できるメリットがある反面，こちらに情報の選択能力が低いと，有用な情報が入手できません。数ある情報の中から，自分が必要としている情報を選択するには，自分の職種に必要な知識は備えておくことが必要です。また，ひとつに情報に縛られるのではなく，複数の情報から比較することが重要です。

1-5-4 専門家より聞く

　最後が，専門家に聞くことです。あなたがユーザーであれば，最も近い専門家はベンダです。日本にeラーニングのベンダは300社以上存在しますが，その多くがeLC会員に登録し，毎月の勉強会や研究活動で最新の情報交換を行っています。外部参加はできませんが，会員になれば情報収集は可能です。また，会員でなくてもWebサイトから情報を収集することもできます。ベンダはこのような専門家同士で最新情報を交換しているため，ベンダを通して情報を入手することも有効です。eラーニングベンダは大別して「システムベンダ」，「コンテンツベンダ」，「サービスベンダ」，「コンサルティングベンダ」があります。

● システムベンダ

　LMSの開発，販売を行う。ERP，HRM（人的資源管理），KM（ナレッジマネジメント）などeラーニング周辺領域におけるビジネスを行う。eラーニングシステムを自社内に構築するためには，自社のインフラがどのようになっていて，eラーニングシステムをどのように構築すれば最も効果が出るのか，既存のITインフラとの関係はどのように考えればよいのかをアドバイスしてもらえる。

● コンテンツベンダ

　自らが教育コンテンツを有し，デジタル化したコンテンツを教育サービスベンダや教育システムベンダに販売する。コンテンツホルダ（映像などの著作権保有者など）からデジタル化の委託を受け，eラーニングコンテンツの開発を行う。顧客からの個別のコンテンツの製作依頼を受けその開発を行う。コンテンツベンダは，教育コンテンツについて，効果性，効率性を高めるためのノウ

ハウを持っている．自社で集合研修を行っている場合は，eラーニングと集合研修のコンテンツの優位性を確認するときなどアドバイスを受けるとよい．

●サービスベンダ

　教育を主体として，eラーニングによる教育サービスを行う．eラーニングの運用管理，メンター・チューターやメンテナンスを行う．eラーニング運用上の学習管理のポイント，効率的な運用方法，障害の対応など，効果的に運用していくためのノウハウを有しているため，アドバイスを受けることができる．

●コンサルティング

　eラーニング導入に関するコンサルティングを行う．企業内人材育成，研修コース開発において，eラーニングの提案を含むコンサルティングを行う．eラーニングに関する幅広い知識を有しているため，自社の取り巻く設備環境，学習環境の整備，人材開発全体の設計に関する情報収集が可能である．

　以上，ベンダによる得意な部分があるため，一概にすべてのベンダが豊富な知識と技術を有しているわけではありませんが，ベンダはプロフェッショナルとして，最新の情報とスキルを身に付ける努力をしています．また努力をしないで，活動しているだけのベンダであれば，必ず消滅していきます．ベンダの持つ豊富な知識と情報を引き出すことが勉強になるでしょう．

　ここで考えていただきたいことがあります．eラーニングを勉強する目的と目標です．そもそもeラーニングを導入する目的は何か？　eラーニングを導入することで目指す目標は何か？　はっきりとしていることは，どの企業でも「eラーニングを導入すること」が目的ではないということです．eラーニングは導入することによって，

　●人材が成長する
　●顧客の満足度を向上させる
　●従業員の価値を高める
　●より高い品質を求める
　●従業員の質を高める

表1.6　eラーニング関連職種

職種分類		職種の内容
大分類	小分類	
システム開発	プラットフォーム開発者	オンデマンド型，ライブ型あるいはテスティング型のeラーニングプラットフォームの設計，開発，カスタマイズおよび技術支援を行う
	オーサリングツール開発者	WBT型コンテンツ制作あるいはストリーミング型コンテンツ制作を行うためのオーサリングツールの設計，開発および技術支援を行う
	システム構築者	eラーニングプラットフォームを中心とするシステムの設計，環境構築，および技術支援を行う
コンテンツ制作	プロデューサー	コンテンツ制作全般の総指揮をとる。コース企画設計，制作ツールおよび実行環境の選定，品質・著作権などコンテンツ全般の管理，スタッフリングと制作進捗間管理，他部署間調整，トラブル・リスク・予算管理，最終納品までの制作プロジェクト管理を行う
	アートディレクター	コンテンツ制作要求仕様に基づき，おもに画面構成全般の制作進行と品質管理を行う。インターフェース・デザインの決定，画像・音声・オーサリングなど各フェーズにおける素材の品質管理，コーストーン統一などを担当する
	エディタ・オーサー	コンテンツ制作要求仕様に基づき，コンテンツ制作の進行および内容編集を担当する。シナリオ作成，コンテンツ作成指示・編集，各種素材作成進行管理，オーサリング進行管理，ファイル管理，コンテンツ全般の品質チェックを経て納品までを担当する
	グラフィックデザイナーオーディオプロデューサー	コンテンツ制作要求仕様に基づき，素材用に画像を制作，管理する。音声台本作成，録音，管理する
サービス提供	運用管理者	社内における受講申込窓口業務から，受講データフィードバック，管理などeラーニングにおける継続的な運用・管理業務を行う
	インストラクター・トレーナー	講師・教師の役割を行う。学習内容にかかわる指導や説明などを行う
	チューター	学習者に対する学習内容の個別解説や質問対応，テスト採点などの講師支援業務，技術的な学習支援を行う

職種分類		職種の内容
大分類	小分類	
サービス提供	メンター	受講者の履歴,進捗状況を判断して,適宣アドバイスや励ましメールなど学習内容にかかわる技術指導ではなく,精神的な支援を行う
	メンテナンス	コンピュータの操作方法など学習内容にかかわらない技術的な支援や,システムがトラブルを起こした際の修理,バグフィックスファイルの配布などを行う
評価分析・情報提供	アセッサ教育アフターサービス	学習内容に関して疑問が生じた場合の問い合わせ窓口や,一定期間経過後の学習効果測定サービスやそれに伴うカリキュラム再編成など学習に関連した非継続的なサービスを行う
	コンサルタント	eラーニング導入担当者の導入企画書の作成支援を主なアウトプットとし,そのために高等教育や企業内教育関連の専門的知識や技術的知識をもとに,eラーニング導入担当者の企画書立案支援を行う
	インストラクショナルデザイナー(IDer:個別教育コース開発)	教育体系の中の個別の教育コースの開発を行う。あるいは開発を行う企業人事部などの研修担当者を支援する
	インストラクショナルデザイナー(IDer:教育体系開発)	企業の経営戦略から学習戦略を作成し,教育体系全体の企画を実施するような企業人事部などの研修担当者を支援する
	教育サービス商品企画	顧客のオーダーや,学習成果のフィードバックなどを伴わない商品の企画を行う
営業販売	eラーニングに関する営業販売	レディメイド商品の販売や,コンサル商品に関する営業活動などを行う

[出典:eラーニング白書(2006)]

- 従業員の定着率を高める
- 経営方針を徹底する

などさまざまな効果があります。つまり,eラーニングを導入するということは,導入がゴールではなく,eラーニングを使うことによって,より効果的な人材育成が可能になるかどうかということです。そしてeラーニングを導入する目標は,いつまでに導入するといったことではなく,eラーニングを導入して,人材教育を行った結果どのようなアウトプットが得られるのかを設定しな

くてはならないのです。

例えば，
- 人材の量と質がどの程度成長するか目標を持つ
- どのくらい，顧客の満足度を向上させることができるか目標を持つ
- どのくらい，従業員の価値を高めることができるか目標を持つ
- より高い品質になる尺度を持つ
- 従業員の質をどのように把握するか尺度を持つ
- 適正な定着率の目標を持つ
- どのターゲットに，どのスピードで経営方針を徹底するかの目標を持つ

このように考えると，eラーニングの導入で最も重要な視点は，eラーニングは本来ラーニングの一部でしかないということです。人材開発のツールであるeラーニングは，人材開発の一部であり，人材開発全体の中でeラーニングがどのように効果を発揮できるかを常に考えて，教育全体の成長と発展を考えていかなくてはなりません。

2章 企業の活用実態

2-1 求められるコンテンツの種類

　eラーニングの利用を拡大・普及する際，コンテンツは大きなウエイトを占めています。eラーニングを利用している企業の不満の大きな要因はコンテンツであり，「業務にあったコンテンツがない」，「コンテンツ作成や更新が大変である」，「内容に説得力がない」などの声が多いのが現状です。

　以下に「eラーニング白書」にある図（図2.1～2.5）を示しますが，いずれもコンテンツの課題がトップまたは高い比率を占めています。

　この章では，まず企業におけるコンテンツの利用実態を分析し，今後望まれるコンテンツの分野や品質，および将来的なコンテンツの姿について分析してみます。

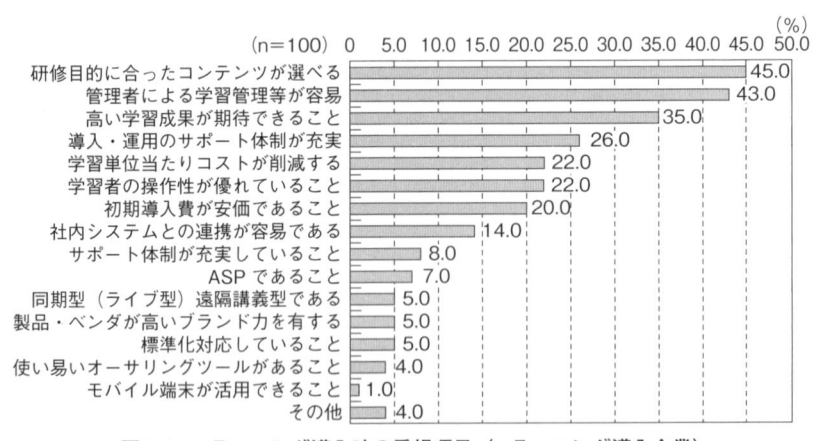

項目 (n=100)	(%)
研修目的に合ったコンテンツが選べる	45.0
管理者による学習管理等が容易	43.0
高い学習成果が期待できること	35.0
導入・運用のサポート体制が充実	26.0
学習単位当たりコストが削減する	22.0
学習者の操作性が優れていること	22.0
初期導入費が安価であること	20.0
社内システムとの連携が容易である	14.0
サポート体制が充実していること	8.0
ASPであること	7.0
同期型（ライブ型）遠隔講義型である	5.0
製品・ベンダが高いブランド力を有する	5.0
標準化対応していること	5.0
使い易いオーサリングツールがあること	4.0
モバイル端末が活用できること	1.0
その他	4.0

図2.1　eラーニング導入時の重視項目（eラーニング導入企業）

〔出典：eラーニングユーザ調査〔企業〕（2005，eLC）〕

(n=100)

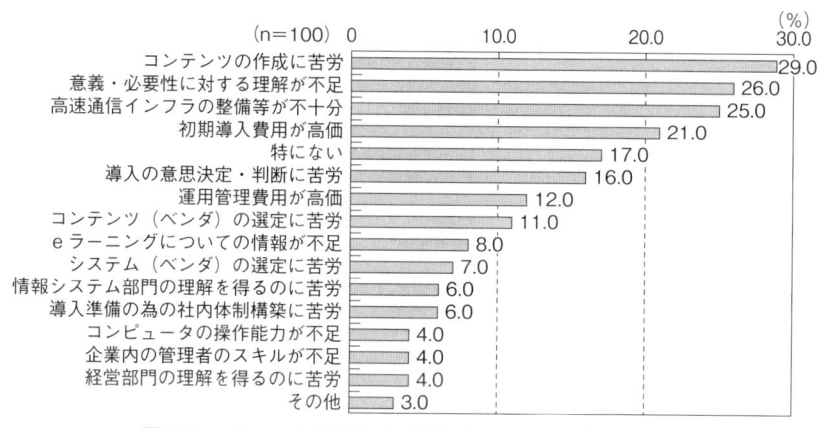

図2.2　eラーニング導入時の障害（eラーニング導入企業）

項目	%
コンテンツの作成に苦労	29.0
意義・必要性に対する理解が不足	26.0
高速通信インフラの整備等が不十分	25.0
初期導入費用が高価	21.0
特にない	17.0
導入の意思決定・判断に苦労	16.0
運用管理費用が高価	12.0
コンテンツ（ベンダ）の選定に苦労	11.0
eラーニングについての情報が不足	8.0
システム（ベンダ）の選定に苦労	7.0
情報システム部門の理解を得るのに苦労	6.0
導入準備の為の社内体制構築に苦労	6.0
コンピュータの操作能力が不足	4.0
企業内の管理者のスキルが不足	4.0
経営部門の理解を得るのに苦労	4.0
その他	3.0

［出典：eラーニングユーザ調査〔企業〕（2005，eLC）］

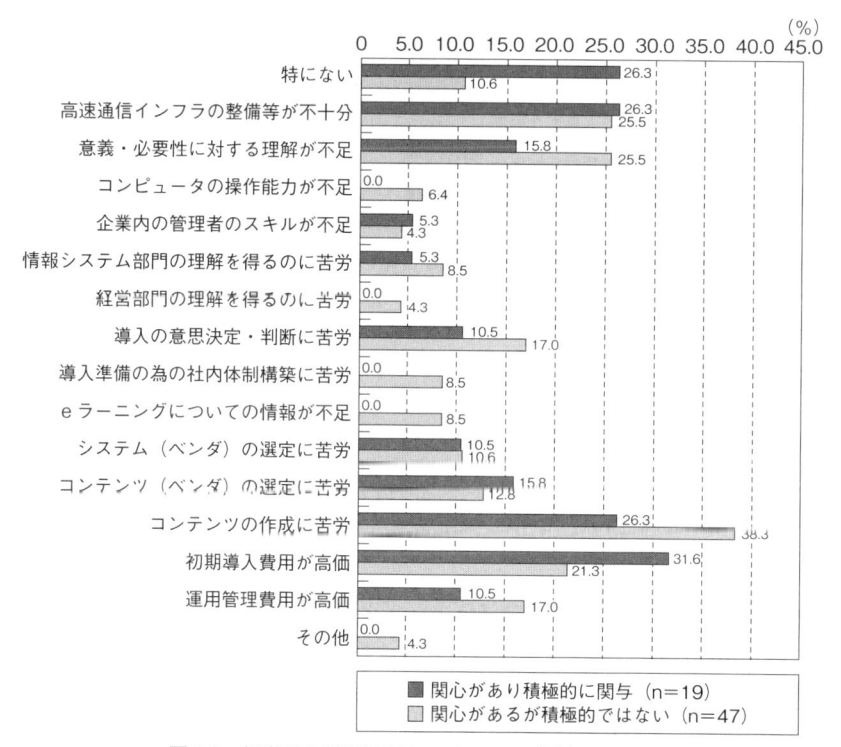

図2.3　経営層の積極性別のeラーニング導入時の障害

項目	関心があり積極的に関与（n=19）	関心があるが積極的ではない（n=47）
特にない	26.3	10.6
高速通信インフラの整備等が不十分	26.3	25.5
意義・必要性に対する理解が不足	15.8	25.5
コンピュータの操作能力が不足	0.0	6.4
企業内の管理者のスキルが不足	5.3	4.3
情報システム部門の理解を得るのに苦労	5.3	8.5
経営部門の理解を得るのに苦労	0.0	4.3
導入の意思決定・判断に苦労	10.5	17.0
導入準備の為の社内体制構築に苦労	0.0	8.5
eラーニングについての情報が不足	0.0	8.5
システム（ベンダ）の選定に苦労	10.5	10.6
コンテンツ（ベンダ）の選定に苦労	15.8	12.8
コンテンツの作成に苦労	26.3	38.3
初期導入費用が高価	31.6	21.3
運用管理費用が高価	10.5	17.0
その他	0.0	4.3

［出典：eラーニングユーザ調査〔企業〕（2005，eLC）］

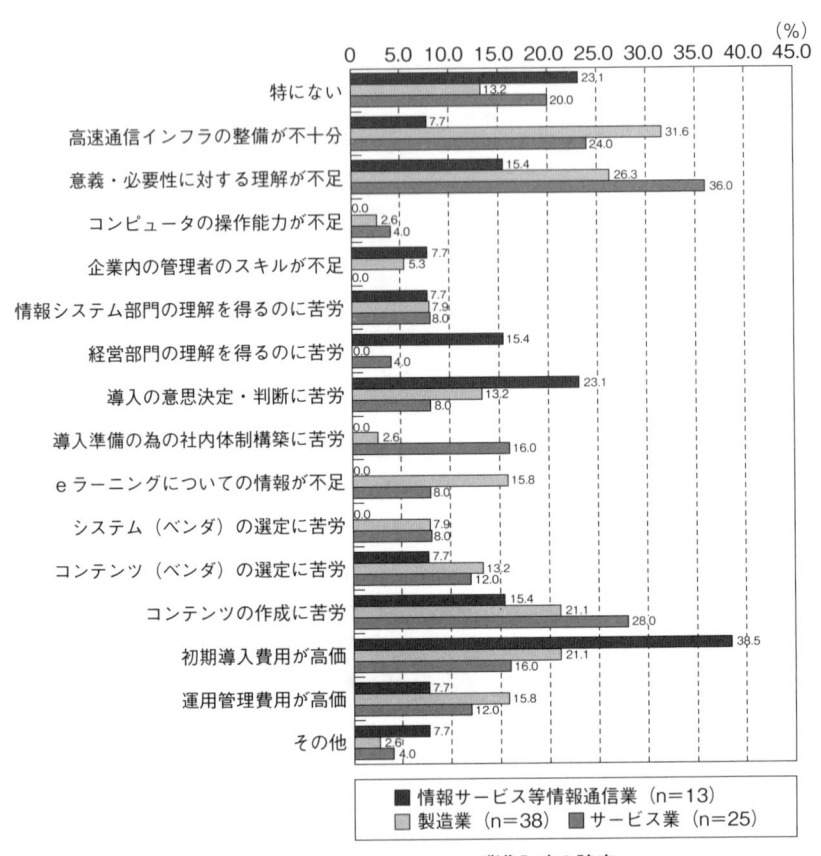

図2.4 業種別のeラーニング導入時の障害

障害	情報サービス等情報通信業 (n=13)	製造業 (n=38)	サービス業 (n=25)
特にない	23.1	13.2	20.0
高速通信インフラの整備が不十分	7.7	31.6	24.0
意義・必要性に対する理解が不足	15.4	26.3	36.0
コンピュータの操作能力が不足	0.0	2.6	4.0
企業内の管理者のスキルが不足	7.7	5.3	0.0
情報システム部門の理解を得るのに苦労	7.7	7.9	8.0
経営部門の理解を得るのに苦労	15.4	0.0	4.0
導入の意思決定・判断に苦労	23.1	13.2	8.0
導入準備の為の社内体制構築に苦労	0.0	2.6	16.0
eラーニングについての情報が不足	15.8		8.0
システム（ベンダ）の選定に苦労	0.0	7.9	8.0
コンテンツ（ベンダ）の選定に苦労	7.7	13.2	12.0
コンテンツの作成に苦労	15.4	21.1	28.0
初期導入費用が高価	38.5	21.1	16.0
運用管理費用が高価	7.7	15.8	12.0
その他	7.7	2.6	4.0

〔出典：eラーニングユーザ調査〔企業〕（2005, eLC）〕

「eラーニング白書」においては，eラーニングコンテンツについて，以下のような課題を指摘しています．

- eラーニングを導入，活用している企業ではどのようなコンテンツを利用しているのか？
- 企業では，今後どのようなコンテンツを導入したいと思っているのか？

この課題に対し，「eラーニング白書」をみると，図2.6のような傾向がわかります．

図2.6のデータは必ずしも現状を正確に反映しているとも言えない部分もありますが，全体の傾向をみることができます．

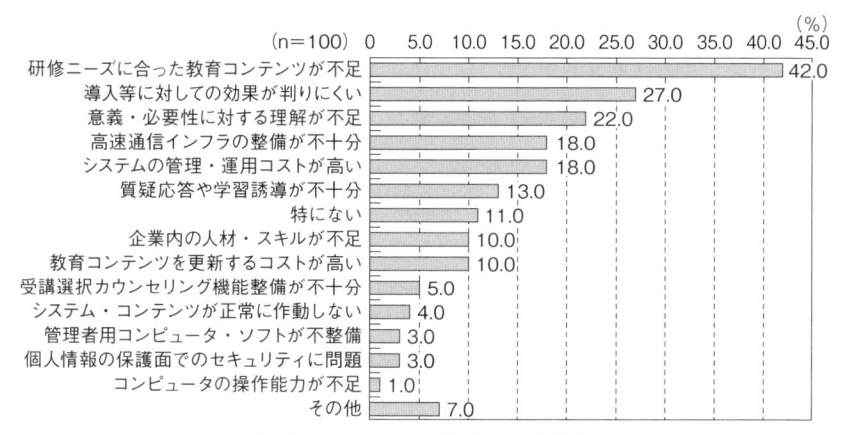

図2.5　eラーニング運用時の問題点

(n=100)

- 研修ニーズに合った教育コンテンツが不足　42.0
- 導入等に対しての効果が判りにくい　27.0
- 意義・必要性に対する理解が不足　22.0
- 高速通信インフラの整備が不十分　18.0
- システムの管理・運用コストが高い　18.0
- 質疑応答や学習誘導が不十分　13.0
- 特にない　11.0
- 企業内の人材・スキルが不足　10.0
- 教育コンテンツを更新するコストが高い　10.0
- 受講選択カウンセリング機能整備が不十分　5.0
- システム・コンテンツが正常に作動しない　4.0
- 管理者用コンピュータ・ソフトが不整備　3.0
- 個人情報の保護面でのセキュリティに問題　3.0
- コンピュータの操作能力が不足　1.0
- その他　7.0

［出典：eラーニングユーザ調査〔企業〕(2005, eLC)］

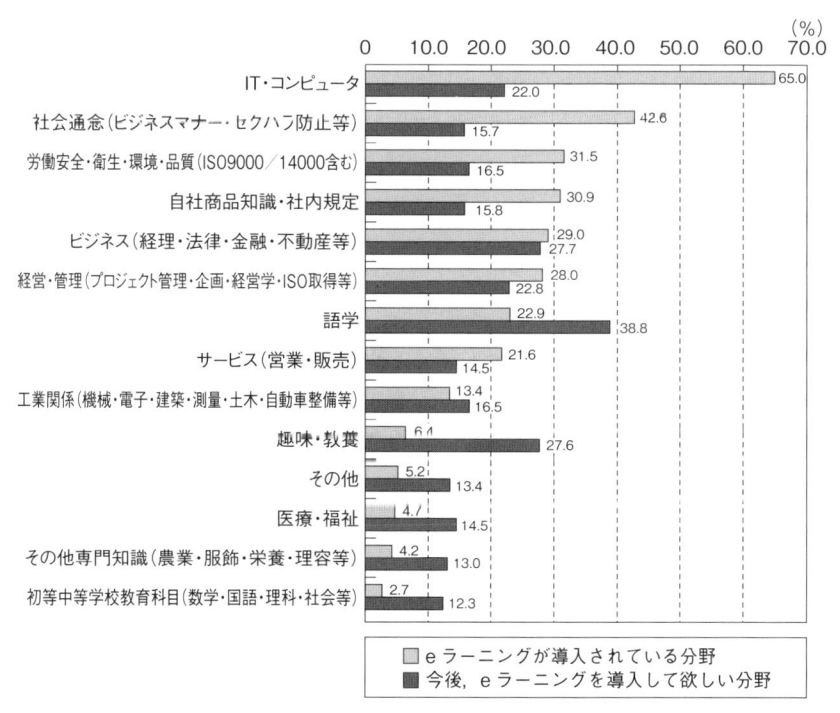

図2.6　eラーニングが導入されている分野と今後導入して欲しい分野

分野	eラーニングが導入されている分野	今後，eラーニングを導入して欲しい分野
IT・コンピュータ	65.0	22.0
社会通念(ビジネスマナー・セクハラ防止等)	42.6	15.7
労働安全・衛生・環境・品質(ISO9000／14000含む)	31.5	16.5
自社商品知識・社内規定	30.9	15.8
ビジネス(経理・法律・金融・不動産等)	29.0	27.7
経営・管理(プロジェクト管理・企画・経営学・ISO取得等)	28.0	22.8
語学	22.9	38.8
サービス(営業・販売)	21.6	14.5
工業関係(機械・電子・建築・測量・土木・自動車整備等)	13.4	16.5
趣味・教養	6.4	27.6
その他	5.2	13.4
医療・福祉	4.7	14.5
その他専門知識(農業・服飾・栄養・理容等)	4.2	13.0
初等中等学校教育科目(数学・国語・理科・社会等)	2.7	12.3

［出典：eラーニングユーザ調査〔個人〕(2005, eLC)］

例えば，eラーニングはIT系コンテンツを中心に発展し，定着してきた経緯があるため，その結果としてIT，コンピュータ系のコンテンツは現在，導入されている分野ではトップになっています。この多くは入門・基礎系のコンテンツでしょう。一方，システム開発技術やミドルウェア・ソフト開発技術などの中級者や上級者向けのコンテンツでは品揃えが不足している状況もあります。中級者や上級者向けのコンテンツは，受講対象者が少ないことと更新の頻度が高いことでコスト・パフォーマンスの観点から開発されにくいのが現状です。また，今後導入を希望する割合が低いのは，IT関係のeラーニングが定着してきたことなどの要因があると想定されます。

ビジネス，経営・管理系のコンテンツのニーズが高いこともeラーニングコンテンツの活用の広がりを示すものです。また，個人情報保護法や会社法など新しい法律が制定されたことに対応し，これらの内容をeラーニングで学習するケースも多くなっています。このような法令や制度変更に関連するコンテンツの場合，法律の改正に合わせてコンテンツを即時に変更することが重要であり，情報の鮮度が求められます。また，これらのコンテンツは短時間に周知徹底することが経営課題として取り上げられることから，学習者のeラーニング利用動機が高まるものと考えられます。

語学系は，英語に加え最近は中国語のニーズ，およびTOEICの試験基準の変更によるニーズが表れていると同時に，安定的に経営課題に取り上げられていると想定されます。

上記の数値は主にレディメイドのコンテンツニーズの調査と考えられます。eラーニングコンテンツ市場全体では，レディメイドコンテンツと各企業の個別業務ニーズに対応したカスタムメイドコンテンツに分類されますが，eラーニングの企業内への導入が進みつつある現在，中堅・大手企業の導入においては，自社の業務ニーズに直結するカスタムメイドコンテンツのニーズが高まってきています。

カスタムメイドコンテンツも含むコンテンツニーズの調査結果は，白書の以下の図が該当します（図2.7）。

おおよその傾向は図2.6に似ていますが，自社商品知識・社内規定およびサービス（営業，販売等）において今後導入して欲しいニーズがそれぞれ15%，

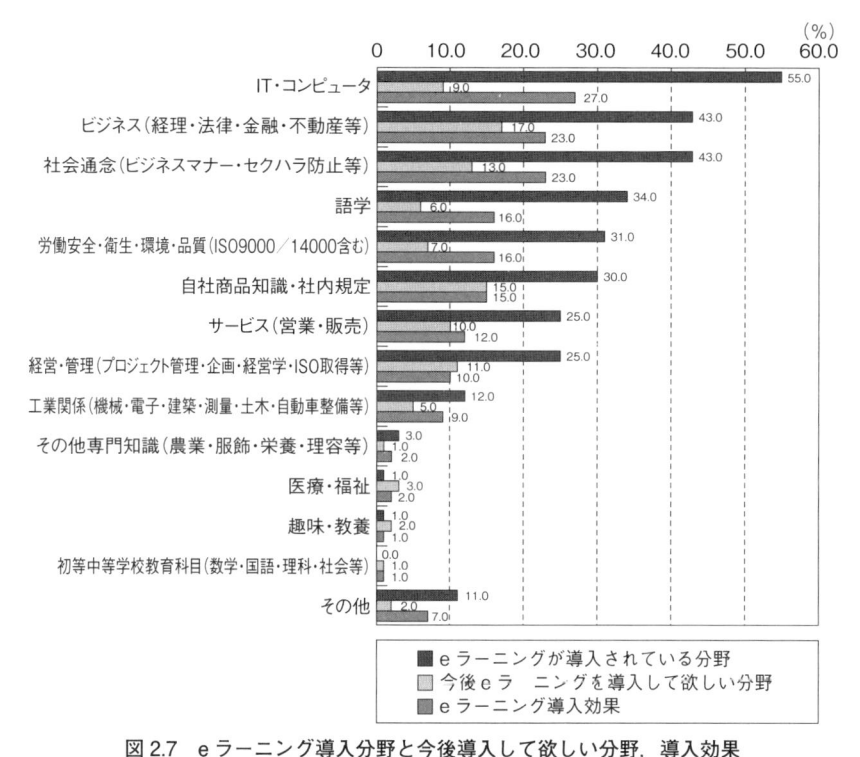

分野	eラーニングが導入されている分野 (%)	今後eラーニングを導入して欲しい分野 (%)	eラーニング導入効果 (%)
IT・コンピュータ	55.0	19.0	27.0
ビジネス(経理・法律・金融・不動産等)	43.0	17.0	23.0
社会通念(ビジネスマナー・セクハラ防止等)	43.0	13.0	23.0
語学	34.0	6.0	16.0
労働安全・衛生・環境・品質(ISO9000/14000含む)	31.0	7.0	16.0
自社商品知識・社内規定	30.0	15.0	15.0
サービス(営業・販売)	25.0	10.0	12.0
経営・管理(プロジェクト管理・企画・経営学・ISO取得等)	25.0	11.0	12.0
工業関係(機械・電子・建築・測量・土木・自動車整備等)	-	5.0	9.0
その他専門知識(農業・服飾・栄養・理容等)	3.0	1.0	2.0
医療・福祉	1.0	3.0	2.0
趣味・教養	1.0	2.0	1.0
初等中等学校教育科目(数学・国語・理科・社会等)	0.0	1.0	1.0
その他	11.0	2.0	7.0

図 2.7　eラーニング導入分野と今後導入して欲しい分野，導入効果

[出典：eラーニングユーザ調査〔企業〕（2005，eLC）]

10%と高い数値でランクされています。

　カスタムメイドのコンテンツはレディメイドコンテンツと違い企業文化や企業の状況をコンテンツに盛り込むことで，より実用的，実践的なコンテンツとして活用されます。

　カスタムメイドコンテンツはコンテンツを自社向けに作りこむ必要があり，コストがかかるという弱点もありますが，一度開発することで柔軟に修正できることや業績にも直結するというメリットもあります。今後は，カスタムメイドコンテンツを従来の集合研修，OJTなどとの関係から，戦略的に全体設計を行いながら，ワークプレイスラーニングとして位置づけ，生産性の向上に寄与するソリューションを実現するためのコンテンツとして開発することが必要となります。また，コンテンツ開発に共通なテンプレートを使ったり自社内のコ

ンテンツ開発体制構築を行うことで開発コストを下げることも含め，経済効率性が高くかつ即時的な提供を可能にする研修効果の高いカスタムメイドコンテンツを開発することが重要になると考えられ，今後のコンテンツビジネスとしての牽引役となる可能性があります。

eラーニングコンテンツを企業で実施する場合，以下の実施単位が考えられます。

①全社単位
②事業所／事業部単位

図2.8をみても全体傾向がわかりますが，①のケースでは，短期間に大量の対象者に同じ研修を実施する必要が迫られているコンプライアンス系，セキュリティ系，および社内新製品・新サービス概要系のコンテンツが利用されます。例えば，個人情報の取り扱いルールを社内で徹底するためには個人情報保護に関する教育が有効ですが，この教育を短期間で全社員や派遣社員に実施するに

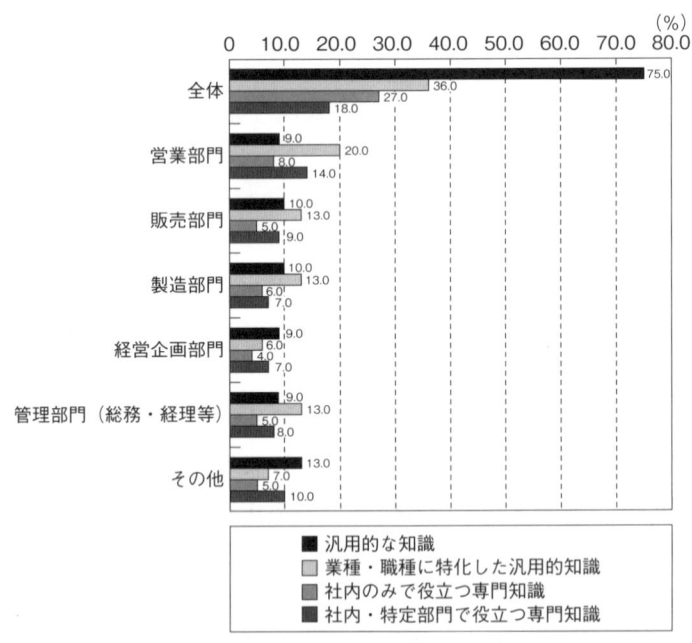

図2.8 eラーニングの研修内容と対象部門（eラーニング導入企業）
［出典：eラーニングユーザ調査〔企業〕（2005, eLC）］

は，eラーニングは非常に有効なツールとなります。

このように全社で一斉に実施し，すべての社員を対象とする教育は人事部や総務部などのスタッフ部門が中心となり推進することになるでしょう。

一方，②のケースでは，事業部長（事業責任者）がほしがるような実用的で実務に直結したコンテンツが利用されます。例えば，開発部門であれば，製品開発に必要な基本知識や技術を習得できるコンテンツであり，営業部門であれば，対象業務の理解や営業ノウハウを習得できるコンテンツとなります。eラーニング白書の企業事例に掲載されている中には実用的／実務的なコンテンツが多くみられます。

このようなコンテンツはまだ顕在化しているとはいえず，今後，コンテンツの発掘，開発，利用が増えてくると思われます。

②のコンテンツはカスタムメイドで開発することが多く，例えば，共通的なフレームを作り，各事業所で異なる内容はカスタマイズして開発する方法も考えられます。

事業者単位のコンテンツとしては，以下のようなコンテンツがあります。

- 業務システムの操作教育
- 業務フローや業務内容習得教育
- 新製品知識習得教育
- 資格取得向け教育
- 業務に関連する法律や制度の教育　など

また，営業情報（勉強会を収録したオンデマンド講習会）やテクニカルマニュアルをコンテンツとして作りこみ，eラーニングで学習することも可能です。

また，ワークプレイス型の研修（ナレッジマネジメントおよび情報共有型，業務操作のセルフトレーニング型）が適用されている企業においては，業務に必要なものをできるだけ自社で作り出しながら活用していくケースが多く，これからはコストパフォーマンスがよいものであれば情報共有型のコンテンツ（情報発信型のものも含む）でも十分に利用されていくでしょう。

ここで，最近，eラーニングの利用が広がっている医療関連分野でのコンテンツ活用事例を紹介します。

M大学病院（病床数：1,200床）では，医療事故防止や患者満足向上などの

観点から院内への各種通知の周知徹底を図るべくeラーニングが利用されています。

　ごく簡単なこと（基本的な知識や手順など）ではありますが，仕事の忙しさのあまり忘れてしまったり，ルールを守らずに我流になっている手順を再確認したりといった内容のコンテンツをイントラネットで定期配信します。

　小さなミスが重大なエラーを招く分野だけに全職員向けに周知徹底／繰り返し配信が大きな意味を持ち，効果も期待できるといった反響があります。現状のリスクマネジメント（コスト）を今後はさらに患者向けに公開（外来の受診待ちのときに閲覧できるようにする）してインフォームドコンセントの助けにすることも可能です。看護師や研修医向けのコンテンツでは，身近な事例や体験型を望む傾向もあり，臨場感がある動画中心のコンテンツが望まれます。動画の場合は，実際に看護師が利用している機器や薬を使って正しい操作手順を撮影し，それをコンテンツとして利用することも効果的です。

　eラーニングによる学習をいつ行うかという点もコンテンツを開発するうえで重要な検討要素です。もし，業務中に行うものであれば，短時間で学習できる単位で作成し，学習によって業務が中断しない配慮が必要です。

　eラーニングワールドで実施しているeラーニング大賞のうち，2005年，2006年と2年連続して大賞を受賞したコンテンツ系のテーマは医療系のコンテンツで，いずれも医師や看護師など医療従事者が中心となって手作り感覚で開発を行った事例が評価されています。具体的には次の活用事例が受賞しています。

- 2005年日本eラーニング大賞　審査委員特別優秀賞
  医療法人真鶴会　小倉第一病院
  専門病院におけるeラーニングの導入事例
  〜医療・看護オリジナル教材の開発と病院内での積極的活用〜
  〈審査委員コメント〉
  　「受賞作品は，病院職員が医療・看護分野のオリジナルコンテンツ（看護技術，医療機器操作，医療安全管理，接遇，診療録記載）を開発し，全職員を対象に教育することで，医療安全管理，職員マナー向上に役立っている院内教育システム。医療という新たな分野にチャレンジした」

- 2006年日本eラーニング大賞　文部科学大臣賞
九州大学医学部保健学科看護学専攻
看護学教育におけるIT教材の開発と活用
〜「間違い探し」から「お手本型」による看護技術教材〜
〈審査委員コメント〉
　「本応募提案は，看護活動の題材で，動画を用いた極めて丁寧なeラーニングコンテンツの作成の視点を提供している。
　特に長年の教育経験を通して，"間違い探し"，"お手本型"というシナリオパターンを準備し，臨場感ある現場の映像をベースに教育効果の高いコンテンツが開発されている。コンテンツ作りの新規性，品質の保証がなされているといえる」

　これらの事例に共通しているのは，患者に対する対応など，顧客満足度の向上や医療過誤や事故を発生させないために，具体的なイメージを映像などを使いながら作成されており，改善活動の結果なども反映されているコンテンツであるという特徴があります。
　今後は，医療系だけでなく介護，レジャーなど幅広い分野においてeラーニングの活用が期待できます。

2-2　求められるコンテンツの質

　コンテンツの質に関しては，学習者がストレスなく学習できるコンテンツ（ネットワークストレスも含めた学習行為におけるストレス）が望まれます。
　コンテンツの質を評価する際には，次の点が重要となります。
- 学習対象者が明確
- 学習目的が明確
- 説明が的確
- 適度なボリューム（ページ，全体）
- ネットワークのストレスがない

現状ではクラスルーム型で提供されている教育内容をデジタル化してeラー

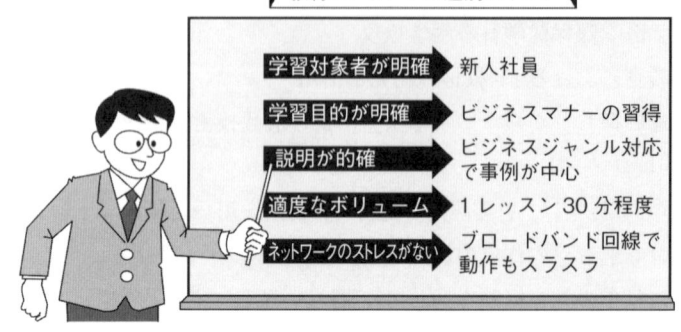

図 2.9　教育コンテンツの選別ポイント

ニングで学習するケースもありますが，学習量の多さ，内容のわかりにくさ，テキストのみの情報，疑問点へのフォローなしなど，セルフラーニング環境を想定しないコンテンツであると非常に学習ストレスを起こしやすく，学習内容や操作方法などの問い合わせやクレームを増やす原因となります。

　eラーニングでは学習者が千差万別のため，対象者の選定を間違えると，いくらインストラクショナルデザインを適用して作成されたコンテンツであっても，"よくない"という評価が出てくるでしょう。

　コンテンツの質を高めるためには，まずは学習対象者が誰であるかを明確にする必要があります。対象者がフォーカスされると学習目的も決まってきますし，説明内容も対象者のスキルや知識を考慮したものになるでしょう。学習者が就業時間中などに学習するケースでは，時間内で学習できるよう短時間の学習ユニットを作る必要もあります。また，学習者がネットワーク帯域やPCスペックなどの要件を考慮し，学習者がストレスなく学習できるコンテンツを作成することが重要です。

　今後は，教育責任者が上記ポイントを考慮しながら受講者に最適なコンテンツを選別する目を持つことも必要になってくるでしょう。

2-3　これからのコンテンツ

　事業に貢献するeラーニングというと，コンテンツというような動かない知

識を教えるようなものから，仕事の流れの文脈から必要な情報を必要な形で手に入れることのできるコンテキスト（細かい，動いている，実践的な情報）が扱えなければならないという理論が台頭しています。

　これが，eラーニングを超えるeラーニング（Beyond e-Learning）で，業務に直結したコンテンツの次には業務の流れに即したコンテキストを扱えるようにしていこう，というのが新しいeラーニングのニーズです。

　今後は，学習するコースを並べ，それを受講者が選択していくようなコース・セントリックなコンテンツに加え，学習者が仕事をしていく仕事の流れの中で，自分が欲しい情報を社内のネットワークにある情報や電子化された文献，ウィキペディアのようなソーシャル・インフォメーションから必要な情報を取り出すようなラーナー・セントリックなコンテキストの利用が台頭してくるでしょう。すなわち，業務を推進するうえでは，従来のコンテンツから学ぶだけの知識だけでなく，コンテンツの外に存在するナレッジから学んでいくことが重要です。

　また，ナレッジ・セントリックなコンテンツにより，新人からエキスパートまでのあらゆる層の対象者に対し役立つ学習環境を構築することができます。

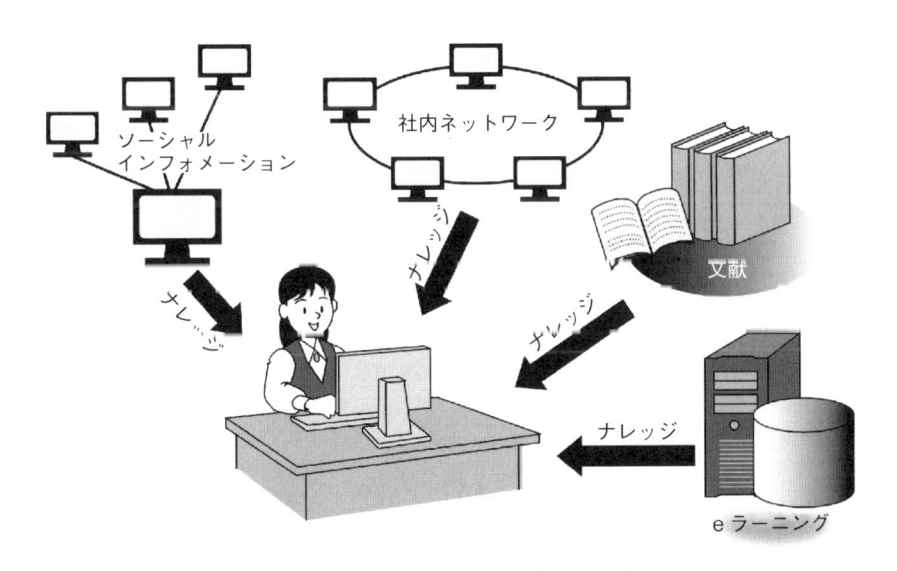

図2.10　新しいeラーニングのニーズ

例えば，新入社員は早期に仕事の能力を向上するため，パフォーマンスサポートシステムを活用したり，エキスパートはナレッジマネジメントを効果的に活用することでノウハウを増やしていくことでしょう。

2-4 インフラ環境や関連する体制の問題

さて，ここまででコンテンツに関する活用実態をみてきましたが，実際に e ラーニングによる社内教育を行うにあたっての問題点や課題をクリアした最適な学習コンテンツを手に入れたと仮定しましょう。これで e ラーニング導入の担当者としてすばらしい社内教育が e ラーニングにより実現可能になるでしょうか？　残念ながら答えは「No」です。

「e ラーニング白書」の図をみると，次の傾向がわかります（図 2.11）。

実際に e ラーニングを導入するにあたって，そして導入後も，まず最初に直面する問題は，学習に利用する物理的なネットワークやパソコンの環境にかかわる問題です。e ラーニング教材はアニメーションや動画などを盛り込んでいる「リッチ・コンテンツ」と呼ばれるタイプから，文字やシンプルな画像を中心として軽く表示できるタイプまでありますが，リッチ・コンテンツで学習する場合には，使用するパソコンのスペックもそれなりのものが要求されます。

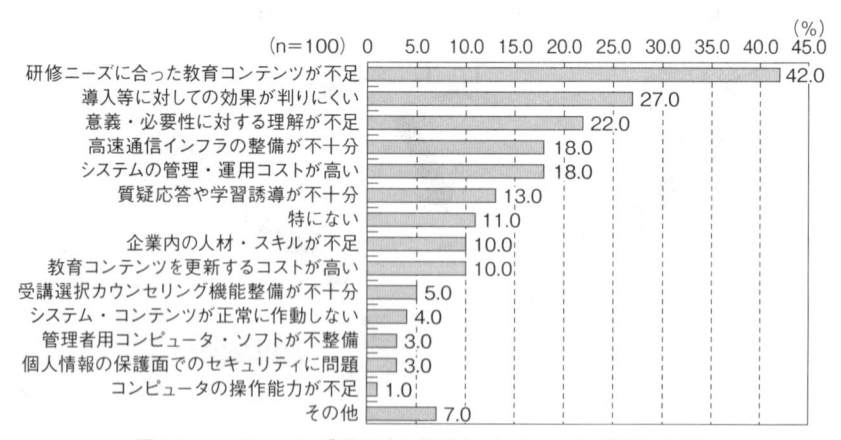

項目	%
研修ニーズに合った教育コンテンツが不足	42.0
導入等に対しての効果が判りにくい	27.0
意義・必要性に対する理解が不足	22.0
高速通信インフラの整備が不十分	18.0
システムの管理・運用コストが高い	18.0
質疑応答や学習誘導が不十分	13.0
特にない	11.0
企業内の人材・スキルが不足	10.0
教育コンテンツを更新するコストが高い	10.0
受講選択カウンセリング機能整備が不十分	5.0
システム・コンテンツが正常に作動しない	4.0
管理者用コンピュータ・ソフトが不整備	3.0
個人情報の保護面でのセキュリティに問題	3.0
コンピュータの操作能力が不足	1.0
その他	7.0

(n=100)

図 2.11　e ラーニング運用時の問題点（e ラーニング導入企業）

〔出典：e ラーニングユーザ調査〔企業〕(2005, eLC)〕

最近購入した新しいパソコンであれば問題なく動作する教材も，少し古いパソコンになるとアニメーションや動画が再生できなかったり，表示に時間がかかったりすることがあります。

しかし，通信ネットワークやパソコン端末などのインフラ環境は，多くの企業ではシステム管理部門が管理し，長期的な計画で整備が進められますから，ｅラーニングを実施するからといってただちに新しいパソコンに入れ替えてもらったり，ネットワークの容量を増やしたりできるとは限りません。例えば，ある企業では，多くの社員が学習を行うとネットワークが混雑してほかの業務システムのレスポンスが遅くなり業務に支障が出る可能性があるからという理由で，リッチ・コンテンツの利用は避けざるをえないといった悩みを抱えています。インフラ環境の改善には，多額の通信費や機器費・工事費が必要になりますから，多くの場合，段階的にしか改善を進められません。「もっと多くのｅラーニングコースを開講したいのに…」，「アニメーションを多用したわかりやすい学習コンテンツを利用したいのに…」こんな希望も，インフラの改善が実現するまで待つしかないのです。

次にｅラーニングを導入した場合に日々発生する業務に必要となるスタッフ

図2.12　ネットワークの混雑

の問題もあります。eラーニングを行うには，学習教材の配信や学習状況を把握するためにLMS（ラーニングマネジメントシステム，学習管理システム）と呼ばれるシステムを利用します。LMSに学習者の登録作業を行うオペレーターや，ログインできないなどの学習者からの問い合わせに対応するヘルプデスク，学習内容に関する質問に回答するチューターなど，発生する業務を遂行するスタッフが必要になります。さらに，理想的には，学習者に継続的・心理的にサポートし学習の継続を促進する役割を持つ「メンター」と呼ばれるスタッフも置きたいところです。また，社内にLMSを導入するような場合，LMSが動作するコンピュータのハードウェアやソフトウェアを管理したり，トラブル発生時には切り分け対応を行う技術者が必要になります。そして，各種スタッフを統括する責任者も必要です。

　最も対応頻度が多くなるのは，ヘルプデスクの業務でしょう。学習者のITスキルは千差万別ですので，どんなに丁寧なマニュアルを配布したとしても，自分ひとりでは操作できないという人は出てきます。このような人たちへの対応

表2.1　日々発生する業務

項　目	業務内容	必要とされるスキルなど
オペレーター	学習者の情報をLMSに登録，進捗情報の抽出などを行います。進捗状況のグラフ化などを行う場合もあります。	LMSの操作に関するスキル OSの基礎スキル
ヘルプデスク	利用者がサービスを受けたりするときに抱いた疑問や不明点についての問い合わせを受け，回答を行う	パソコン・OS利用に関するスキル 学習方法に関するスキル
チューター	質問への回答，採点結果の解説など学習内容に関するサポートを行う	学習内容に関する知識 学習指導のスキル
メンター	学習者に継続的・心理的にサポートし学習の継続を促進する役割を持つ。学習者にとって信頼のおける助言者	学習者のモチベーションをサポートするためのさまざまなスキル
システム管理・運用者	LMSのハードウェアやソフトウェアを管理し，トラブル発生時には切り分け対応などを行う	OS，ハードウェアの保守運用に関するスキル LMSの保守運用に関するスキル
統括責任者	上記の業務を統括・管理する	管理能力など

は，電話もしくは直接その人のパソコンまで行って状況をヒアリングし，操作方法を説明する必要があります。ヘルプデスクへの問い合わせは，学習開始時だけに限ったものではありません。学習を始めた後も「IDとパスワードを入力してもログインできなくなった」，「パスワードを忘れた」など，システムへのログインに関する問い合わせは続きますし，「学習を途中で中断したい」，「テストを受けても採点されない」，「学習の終わらせ方がわからない」などの学習の進行に従ってそのつど操作説明の問い合わせは寄せられるものです。このようなトラブルが早急に解決できないと学習者は学習をやめてしまいますから，メールや電話で学習者をサポートするヘルプデスクは必須です。

逆に，現実には，学習内容に関する質問は少ないでしょう。したがって，専属のチューターは置かず，ヘルプデスクで一時対応し，必要に応じて学習内容に回答できる体制を作ることで，窓口も一本化できます。このような場合はシステムの操作方法にとどまらず，「問題の意味がわからない」，「正解の解説に疑問がある」，「こんな場合は正解ではないのか？」など，学習内容そのものへの質問もヘルプデスクに寄せられるため，質問内容によって適切なチューターに正確に切り分けられるようなマニュアルや教育がヘルプデスクのスタッフに必要となります。

また，学習者の登録や進捗情報の抽出などのオペレーター業務の作業量がそれほど大きくない場合でも，やはり，適切なマニュアルや教育を準備したうえでヘルプデスクのスタッフに業務を実施させることもできるでしょう。

さて，受講の継続にはメンターの役割は重要です。しかし，実際には，学習者個人を適切に導くノウハウを醸成するには，時間やコスト，適切なメンター候補といった条件がそろわないため，メンターは置かず，代わりにチューターが未学習者に学習を促す一斉メールを送信したり，上司から学習の指示を出させるといった代替手段を使うこともあります。

LMSを含むシステム管理業務には，教育とは別の種類の技術的なスキルが必要となります。したがって，社内のシステム管理部門に委託するか，専属の技術者をスタッフの一員に加えなければなりません。ある会社では，社内システム部門の協力が限定的にしか得られず，かといって社外に管理を委託する予算もないために，eラーニングの教育担当者はやむを得ずLMSの管理を自分で行

図2.13 システム管理に苦労，対応に追われるオペレータ

うことになり，サーバーの管理操作を覚えるのに四苦八苦したという事例もあります。

　このような状況に陥るのを避けるためには，システム管理の作業が軽減できるASPサービスの利用も検討しましょう。ASPサービスでは，eラーニングベンダのLMSを利用しますから，煩雑なシステム管理作業や学習者の登録といったオペレーション作業も必要ありませんし，システム構築作業も必要ありませんから短期間で学習を開始できます。

　eラーニングベンダによっては，ヘルプデスクなどすべての業務をアウトソーシングできるオプションを持つ場合もあります。このようなアウトソーシングは，大人数を対象にeラーニング実施する場合や長期に多数のeラーニングコースを提供するような場合よりも，はじめてeラーニングを利用する場合や比較的小規模に教育を行う場合に向いていると言えるでしょう。

2-5　学習意欲とeラーニングの必要性

　苦労しつつも無事eラーニングによる社内教育が開始できたとしましょう。多くのeラーニング担当者が開始直後に直面する問題は，受講率の悪さです。
　このような受講率の悪さは，eラーニングの必要性や意義が，学習者に正しく理解されていないために起こります。

「eラーニング白書」をみても，「意義・必要性に対する理解不足」の問題が，多くの会社での悩みであることがわかります。そもそも，「意義・必要性」とは何なのでしょうか。

　これには普遍的に通用する模範解答があるわけではありません。それぞれの企業や研修実施元が「何のためにeラーニングを実施するのか？」，「eラーニング学習による成果として何を定めているか？」によって異なります。したがって，その実施状況により異なる「意義・必要性」はそのつど学習者に理解させなければならないのです。学習するコンテンツが自分の業務の効率化や自己のスキルアップに直接的に関係する場合には，比較的「意義・必要性」を理解させるのは容易でしょう。しかし「個人情報の保護」のように企業全体としては非常に重要な問題でも，一個人にしてみればそれほど重要性を感じられないようなコンテンツの場合には，必要性を全社員に正しく理解させるのはかなり困難です。学習者によっては，自分の業務には関係ないから学習する必要などないと思い学習に取りかからないかもしれません。このような場合には，学習者や組織への働きかけが必要です。例えば，学習者個人に対しては，まだ学習に取りかかっていない学習者に学習促進のメールを送ったり，早期に完了した者には賞品や栄誉証などインセンティブを与えるといった方法があります。また組織に対する働きかけとしては，トップダウンで研修の実施を徹底させる，事業部や事業所ごとに受講進捗状況を公表するといった方法があります。

　これらの働きかけは，次節での「経営者のeラーニングに対する積極性」に大きく関連してくるのです。

2.6　経営者のeラーニングに対する積極性と効果の関係

　eラーニング教育担当者の悩みのひとつに「導入に対しての効果がわかりにくい」という意見がありますが，本当にそうでしょうか？

　「導入の効果」とひとことで言っても，いろいろな切り口があります。「研修の効率化」，「学習成果の向上」，「モチベーションの向上」など，さまざまな面での効果が想定できます。これらの「効果」に関する項目を，「経営者がeラーニングに対して積極性があるか／ないか」別に調査したのが，図2.14です。

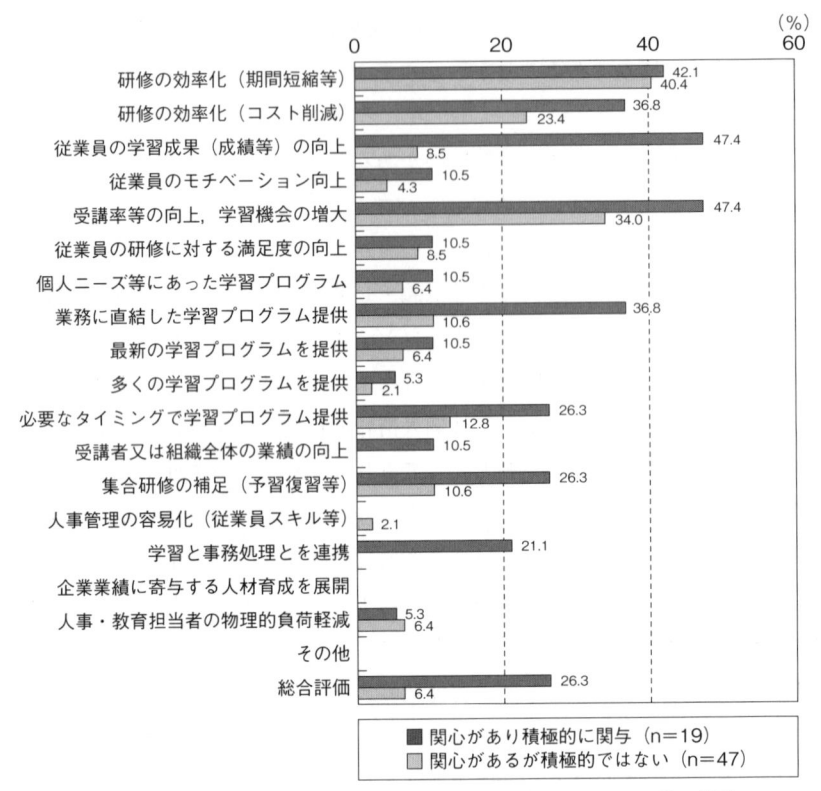

図2.14 経営者のeラーニングに対する積極性とeラーニングの効果

凡例：
- 関心があり積極的に関与 (n=19)
- 関心があるが積極的ではない (n=47)

項目	積極的に関与	積極的でない
研修の効率化（期間短縮等）	42.1	40.4
研修の効率化（コスト削減）	36.8	23.4
従業員の学習成果（成績等）の向上	47.4	8.5
従業員のモチベーション向上	10.5	4.3
受講率等の向上，学習機会の増大	47.4	34.0
従業員の研修に対する満足度の向上	10.5	8.5
個人ニーズ等にあった学習プログラム	10.5	6.4
業務に直結した学習プログラム提供	36.8	10.6
最新の学習プログラムを提供	10.5	6.4
多くの学習プログラムを提供	5.3	2.1
必要なタイミングで学習プログラム提供	26.3	12.8
受講者又は組織全体の業績の向上		10.5
集合研修の補足（予習復習等）	26.3	10.6
人事管理の容易化（従業員スキル等）		2.1
学習と事務処理とを連携	21.1	
企業業績に寄与する人材育成を展開		
人事・教育担当者の物理的負荷軽減	5.3	6.4
その他		
総合評価	26.3	6.4

［出典：eラーニングユーザ調査〔企業〕(2005, eLC)］

ここで注目したいのは，「総合評価」も含めた多くの項目で，経営者がeラーニングに関心があることです。また，積極的に関与している企業の方は，経営者がeラーニングに関心がなく積極的でない企業に比べ，効果があったと回答している割合が高いという点です。例えば，経営者がeラーニングに積極的な場合は，前節で課題となっていた「受講率などの向上」について，実現できたという割合が高くなっています。

それでは，経営者がeラーニングに積極的であることと，eラーニングに効果が出ることと，どのような因果関係があるのでしょうか。

経営者がeラーニングに理解があり，積極的である場合，経営者自らが最初にeラーニングの学習を行うことが予想されます。学習後には自然と会議中の

雑談などでeラーニングの内容や感想が話題に上るでしょう。部下である部長や課長はeラーニング学習を実施していないと話題についていけませんから，「やっておかなくては」という意識が生まれます。

このようにトップダウンに加えて社内の風通しのよい企業では，自然とeラーニングを活用しようというポジティブな風土が根づいていくのです。たとえ組織が大きくても，事業部や事業所ごとのトップ層がこのような理解があれば組織全体としての意識づけに結びつきます。もちろんこのように理想的な企業ばかりではないのが現実でしょう。その場合でも次のような状況が考えられます。

「従業員の学習成果（成績など）の向上」は，本来はeラーニングシステムを導入することにより，簡単に数値化できる指標のひとつです。LMSには成績管理の機能がありますので，学習者の受講履歴・進捗状況・テストの成績などをシステム上で管理することができます。また教材の構成として学習実施前と実施後に理解度を確認するテストを盛り込むことにより，eラーニングによる理解度の度合いを点数で表すことも可能です。このようにeラーニングの導入・活用を前向きに捉えている場合は「学習成果が向上した」という結論を導き出すことはそれほど難しくはありません。

図2.14では「研修の効率化（コスト削減）」の項目でも効果があったと評価されています。コストの削減を把握するためには，従来の研修にかかっていたコストと，導入されたeラーニングのコストを比較する必要があります。新規

図2.15　従来の研修コストとeラーニングコストを天秤にかける

に導入したeラーニングの費用は，通常はすぐに確認できるのに対し，従来の研修にかかるコストの場合，講師に支払う費用・社外の教室の借用費用・研修を受ける社員の旅費など目にみえていた費用だけではなく，社内の会議室の施設費，また社員が移動に費やした時間に生み出された可能性のある成果（opportunity cost）など，これまでは費用として認識していなかった項目についても金額に換算して計算することが必要となります。このような検討や試算には大きな労力と手間がかかるため，経営者がeラーニングに理解がない場合にはせっかく膨大な手間をかけて導き出した「eラーニングによる研修の効率化」のデータもそれほど評価されないという悲しい結果になりかねません。「コスト削減効果が出なかった」という回答の多くは，既存の研修にかかっていた目にみえないコストが正確に評価されていなかったことに起因するのではないでしょうか。

　経営層は多くの場合，「従業員の学習成果の向上」，「業務に直結した学習プログラム提供」のように自社の経営向上に結びつく事項に興味を持ちます。経営層がeラーニングに積極的であれば，eラーニング教育担当者もシステムの導入や効果の測定に積極的に取り組むこととなり，「効果があった」と結論づけることができるでしょう。逆に，経営層がeラーニングに積極的でない場合，e

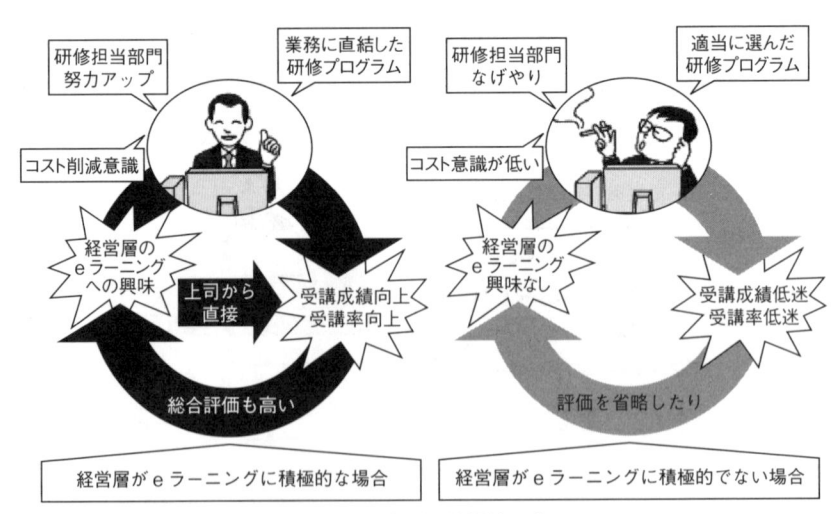

図2.16　経営層の積極性の違い

ラーニング担当者のモチベーションは低下してしまいがちですので,「適切な評価が困難であるから」などの理由で,効果測定を積極的には行わないかもしれません。そうすると,eラーニング実施に対して効果があったと言いにくい状況となります。

　図2.16のように,経営層がeラーニングに積極的な場合は,実施から成果を受けてさらによいフィードバックでの循環が起きますが,経営層がeラーニングに積極的でない場合は,逆に悪循環となって,この2つの実施形態には大きな差が出ると言えるでしょう。eラーニング社内教育成功のカギは,いかに経営層に積極的になってもらえるかであると言っても過言ではないのです。

座談会 1

ベンダがみた企業内 e ラーニングの課題

中村（司会進行：eLC 広報委員会，株式会社フォトロン）
　e ラーニングは社員研修や自学自習のツールとしてだけでなく，コミュニケーションや日常業務をサポートするツールとして，さらには企業内の知恵や創意を掘り起こして新たな展開に導くものとして活用の幅を広げています。e ラーニングシステムやコンテンツのベンダは，顧客企業の担当者に e ラーニングの可能性を語り，的確なソリューションを提案しようとしています。同時に企業の抱える問題点から e ラーニングの新たな活用法のヒントを得ることもあります。しかし，そうした e ラーニングの可能性を理解しない企業，e ラーニングシステムを十分に活用していない企業は少なくありません。e ラーニングを活かすには，企業文化やワークフローの見直しも必要なのに，従来からのやり方に固執する経営陣もいます。まず，企業に e ラーニングを勧め，ソリューションを提案している e ラーニングベンダのみなさんに，顧客企業とのやり取りからみた企業の実情や課題など，自己紹介を兼ねてお話いただきます。

私がみた企業内 e ラーニング
T・N さん（e ラーニングサービス会社）
　育児休業を取っている社員が職場に復帰するためのサポートを e ラーニングで行っている企業があります。出産後に会社に戻るのは女性にとって大きな試練です。母子だけの世界から会社，仕事に戻るのは大変だし，休業中に仕事や会社も変化するので，浦島太郎になっている。それで不安に駆られるそうです。その企業では，e ラーニングシステムを使って，仕事関係の勉強をしたり，会社に戻るための準備をしたり，育児休業を取った先輩にメールしたり，同僚

に会社の状況をメールで聞いたりできるようにしています。この話をすると，育児休業に消極的だった企業の意識が変わることもあるので，こういう使い方がもっと増えるとよいと思います。

R・Nさん（eラーニングシステム会社）

　工場などの現場では，事故にはならなかったけれど，ヒヤリとした，ハッとしたということがあって，1件の重大事故の前には29件の軽い事故と300件のヒヤリ・ハットがあるというハインリッヒの法則が知られています。みんなが日々危ないと思っていることを，周知させて事故を防止しようと取り組みが行われていて，そこにeラーニングが活用されています。ヒヤリ・ハット事例を全従業員に効率的に学習させるツールとしてeラーニングが導入されています。このような場合，自ら学習に取り組むeラーニングが向いています。ヒヤリ・ハット事例を従業員のみなさんに聞くと多く出てきます。それをeラーニング教材にして，好きなときに学べれば，事故防止の態勢ができると思います。従業員も自分のヒヤリ・ハット事例を，積極的にeラーニング担当者に連絡するようになるのではないでしょうか。

H・Kさん（画像・動画ソリューション会社）

　企業のeラーニング担当者が困っていても，声に出して言えないことがあります。それは社長の訓示，期ごとの事業部長の方針演説です。ビデオで撮って全社に流してもあまりみられないのに，機材も時間も金も投入しなければならない。しかし，2年ほど前から，臨場感のあるリアルな情報を発信しないと，コミュニケーションは生まれないということを企業が気づきはじめました。反対に，ROI，投資対効果というみえにくいものを，映像を使って教材で啓蒙するような動きが出ています。eラーニングの狙いが明確になってきたと感じます。一方で，コミュニケーションを育てようという文化，意思のない企業は，eラーニングを入れても，ベンダにお任せになるし，担当者も腰が引けている。eラーニングの効果，メリットを伝えながら，その企業の文化を変えるような啓蒙をしないと，eラー

ニングという新たな仕組みを浸透させるのは難しいと感じます。eラーニングを使ってコミュニケーションを広げると言いながら，隣の席の人にメールを出すのをコミュニケーションというような勘違いもあります。eラーニングを活用する文化を説明するのは難しいですね。

I・Kさん（商社）

　企業文化を含めて実情と課題を見据え，解決策としてeラーニングの可能性を探っている企業と，まったく考えていない企業と，両極端があると感じています。この夏に食品メーカーを12，13社訪ねましたが，eラーニングに関心を持っている工場は3つ4つというところでした。具体的に検討したいというところまではいっていませんでした。

T・Nさん

　経営戦略からではなく，必要に迫られて導入するケースが目立ちます。コンプライアンス（法令遵守），個人情報保護法のときはすごかった。全社員に短時間で知識を伝え，意識を高めようとしているときに，集合研修や専門家の講演会を開いていては間に合わない。そこでeラーニングの導入，活用が進みました。それから個人情報を適正に管理していることを認定する「プライバシーマーク」の取得や更新に，研修を実施したという報告が必要だから学習記録を残せるeラーニングを入れたケースもありました。しかし悲しかったのは，企業が求めたのは実施したという実績で，中身は問わなかったということです。今年になって継続学習の段階に入ったので，変わってきました。教育担当者もeラーニングの効果がみえるので，内容を考えるようになったし，私たちの提案を聞いていただけるようにもなりました。企業の理念，方針を明確にした個人情報保護，コンプライアンスに取り組みはじめています。それがeラーニングを見直すきっかけになりました。不祥事を起こした企業が，問題点を改善するためにeラーニングを使うようにもなって，シリアスなシーンでもeラーニングがこんなに力を発揮するのかと驚きました。

よいものを広める

中村

　独自の技術や技能の伝承にeラーニングを活用しようという発想が生まれてこないのは，企業が自分の技術や知識を正当に理解していないからでしょうか。

R・Nさん

　すごい技術なのに自分たちは気づいていない，外からみると「すごい」ということはよくあります。自分たちには当たり前のことなんですね。だから気づかない。

I・Kさん

　新しい時代に対応するには，企業文化を見直す意気込みが必要でしょうが，日本では黒船が出てこないと動かない，門戸を開かないという風土がありますね。団塊の世代が大量に退職する2007年問題では，技術の伝承が大きな問題になっています。早急に対応しなければならないが，書物やマンツーマンの指導だけでは間に合わない。そのとき，ベテランの技をビデオなどで教材にするのは大変に有効だと思います。音と映像が効果的だし，必要だと思います。繰り返してみられるというeラーニングの特長も活かせるのではないでしょうか。2007年問題，あるいは先ほど話題になったコンプライアンスや，個人情報保護法のような社会の動きに応じた啓蒙や提案が必要と思います。

T・Nさん

　以前，テレビのディレクターをしていたとき，ものづくりの現場を取材しました。私は撮る前に，その仕事をやらせてもらいます。実際に行ってみると，何をどう撮ったら視聴者にうまく伝わるかがわかるからです。そして，教え方がうまかった人にお手本になってもらって撮影します。それが放送されると，取材された会社の社長が「ビデオテープをほしい」，「従業員にこの人のようにやらせたい」と言うんですよ。ベストプラクティスが教材になるということです。それまでは，評価はされていたかもしれないが，注目されなかった

技術や技能が，番組を通して見直され，その技術，技能を広めれば品質が上がることに気づくのですね。日常の作業，取り組みに伝承しなければいけない技術は多いと思います。普段はみえないもの，見過ごしているものをみえるようにして，eラーニングで伝えれば効率アップ，業績アップ，さらには企業文化の見直しにつながっていくのではないでしょうか。

H・Kさん

　すぐれた活動，技能はクローズドな製造業の中だけではみえにくいですね。している人も，すぐれているとは思っていないのだけれど，そういう人がそれぞれの工程にいる企業は力がある。でも，それを第三者が発見して残そうと言わないと，eラーニングの素材にはならないですよね。そういうきっかけ作りがベンダには必要ですね。

T・Nさん

　防毒マスクの取材をしたときも，ある人がマスクを装着した後に，フッと息を出してみる。それで息が漏れなければきちんと装着できていると判断していることに気づきました。その人のノウハウで，ほかの人は行っていないので，それを撮影しました。そういうノウハウは現場には多くあると思います。

H・Kさん

　その人の傍にいれば気づくかもしれないけれど，工場が違えば，ベストプラクティスに気づく機会はないですね。でも，同じ作業をする工場が何カ所かあれば，記録して，広げたいですね。私は製造業では，記録を残しているかを聞いています。文書か，音声か，映像かと聞いて，映像が一番よいと説明しています。何をどういう形で残すと役立つか，方法を明快に提案しなければいけないのでしょうね。

T・Nさん

　首都圏に300店くらい展開している小売店では，お客さんに喜ばれたプラス事例だけを集めてeラーニング化しています。携帯電話

で，このサービスが喜ばれた，この商品を買うお客さまはこういう点に悩んでいる，といった知識を提供しています。ヒヤリ・ハットの反対で，それで成功している企業があります。買い物の動向から消費者のニーズを把握して，そこに対応の仕方や適した商品の知識を付けてeラーニングで提供できるとよいですね。それを社内報に掲載する企業もありますが，社内報のバックナンバーをみるのは大変。eラーニング化しておけば，新入社員もノウハウを自分で身に付けることができます。そういう企業文化ができれば，お客様の質問や注文に適切な対応ができるのではないでしょうか。

eラーニングは本当に効果があるの？
中村

　「eラーニングで儲かるのか」，「eラーニングで効果は出るのか」という質問をよく受けます。eラーニングはコストがかかるので，それだけで儲かることはありません。教育にいかにeラーニングを活用したら，どんな効果があるかと考える人には，いろいろ提案できます。教育のスピードを加速させるのがeラーニングで，今まで半年，1年かかって行っていた教育を1カ月でできるようになります，ということは提案できます。しかし，eラーニングによって，いくら儲かるかは答えられませんね。そういう経験は？

H・Kさん

　たしかに「eラーニングに成功事例があるのか」と聞かれることがよくあります。しかし，「あります」と声を大にして言える事例があまりないのも実情です。効果として明確にみえるのは資格取得で，合格率で効果は判断できます。学校なら国家試験を何人受けて，何人合格で合格率何％と出ますから，eラーニングの効果がはっきり示せます。しかし，技術の伝承などは，それぞれの企業で事情が違うので効果がわかりにくい。資格試験の合格率のような数字で示せるものしかはっきりしたものはないので，その点では「効果は？」と聞かれると，どう答えたらよいか悩みますね。

R・Nさん

　効果として,「時間が空く」ということが言えると思います。どこの店も悩んでいることだと思いますが,店長会議というのが月に何回かあります。忙しい中,わざわざ本社まで行って,あまり収穫がないと感じるような会議だったりする。しかし,eラーニングで行えば移動時間は削減できます。あるいは,メーカーの営業は現場に新商品の説明をします。しかし,現場で対面したときに行うべき,もっと重要なことがあるのではないでしょうか。商品の説明はeラーニングで空き時間,仕事の前後でみればよい。そこで時間ができたら,現場で向かい合って,そのときしかできないことをする。eラーニングに置き換えられるもの,eラーニングの方が効率的に伝えられる,教えられるものはeラーニングで,と提案することはできますね。

中村

　企業には,eラーニングを活用して時間が作れるという認識はなかったのですか。

R・Nさん

　悩みを解決するのにeラーニングが使えないか,という依頼があって,それで時間のことを話しました。そして理解してもらって,eラーニングを導入したら,リアルの時間が増えて,業務効率は上がりました。

H・Kさん

　eラーニングで事前に知識を伝えたり,問題意識を共有したりすることで,集合教育や会議の効果が上がるということがありますね。

R・Nさん

　しかも,会議や講義の時間が短くなります。会議で資料を配って延々と説明する人がいますが,その場で配られた資料をみても,すぐに評価,提案はできません。事前にeラーニングで配布して,課題を頭に入れてから議論をすることが必要でしょう。新商品の知識を事前に得て会議に臨む。そうでない人は来るなという文化をつく

ることも必要でしょうが。

H・Kさん

相手の課題や悩みを分析して，これはeラーニングですよ，これは集合教育でやった方がいいですよ，と区分けして示すことも有効ですね。

R・Nさん

そう。リアルでしかできないこともあります。リアルの時間を確保するために，ビデオやeラーニングを活用するという方法も大事ですね。

えっ，それはちょっと…

中村

みなさん，いろんな提案をされていますが，同時に，なかなか相手に伝わらないという思いもお持ちだと思います。企業の担当者が「俺が言うとおりやってくれ」とか，「明日までに頼むよ」とか，無理な注文や絶対に応えられないような注文を受けたことはありますか。

T・Nさん

企業のeラーニングの担当者はほかの仕事を兼務していて，忙しい方が多い。そのため，研修実施に必要な受講者データを全社から集めるのに時間がかかったり，出てきたのはいいけれど，あるデータはメインフレームから，別のデータはパソコンのExcelの表のため，「何とかしてくれ」と頼まれることはよくありますね。研修依頼がきて，「もう全社通達を出したから，あと3日で準備してくれ」と時間的に絶対，無理という要求をされることもあります。年に十数回はありますよ（笑）。

H・Kさん

eラーニングの実施を決めるまでは，いろいろな注文や，方針変更があって時間がかかったのに，決まった途端に「早くやってくれ」ということはよくあります。時間的にタイトな仕事はよくありますね。

T・N さん

　時間的に無理な要望でも応えるようにはします。できなくても，担当者に言い訳の材料を用意しないといけない。困るのは「俺のイメージを絵に描いてくれ」といった注文ですね。こういうケースは往々にして絵にならない。本人はベテランでちゃんとイメージを持っていると思っている。でも，プロの知識と私たちの理解やその道の経験度には大きなギャップがある。その隙間を埋める材料がみつけられなくて，絵にならないことがあります。絵を描くように要求されたシステムが大変に複雑で，パソコンでは表現しきれないという場合もあります。「コンピュータは万能でしょ。何でできないの」と言われることもあります。もう少し，このあたりの距離を埋めないといけないと思いますね。

中村

　このメカニズム，動きを絵にしてくれ，ということもあるのですか？

T・N さん

　あります。そういう方には，長嶋茂雄さんのような職人的，天才型の人が多くて，「これをヒューとやると」なんて表現する。「ヒューって何ですか」と聞くと，「ヒューはヒューだよ」というような会話になってしまう（笑）。

H・K さん

　「テレビでやってるようなのを作ってくれ」という注文はよくありますね。それはCMのすごいCGだったりするんですよ。みなさんテレビのCGを見慣れているので，簡単だと思うんでしょうね。「プロだからできるでしょ」，「こういう機構で，こうなって，こう動くんだよ。それ作ってよ」などと言われます。それには，「作れません」と答えるしかない。そんな高度なCGは，予算面でも時間の面でも無理ということはよくあります。

I・K さん

　デザイナーの表現は「ここの部分をこう伸ばして」といったよう

に抽象的ですね。数値で表現しない。感覚で表現することが多いですね。

H・Kさん

　実物がない，試作品もないのに，表現しろと言われるのはつらいですね。しかも，ものができていない場合は，新製品のような秘匿性の高いものなので，話を聞いた後，「誰にも相談するな」と必ず言われます。相談しないとできませんよね。無茶だと思いながらも「ハイ，そうですか」と帰って，誰かに相談する（笑）。「俺のイメージわかるだろう」というのもよく言われます。本人はわかっているつもりだけれど，言っていることは抽象的なんですよ。その人はその分野で経験しているベテランですが，私は経験がないからわからない。それで考えて納品すると「ぜんぜん違うじゃない。何考えてるの？」と言われることもあります。ショックですね。

T・Nさん

　役所の仕事は下から上まで，いくつもハンコが押されます。「こうじゃない」と言われて，直して持っていく。しかし上に上げると，また直されるということがよくあります。そして結局，最初の案に戻ったりする。最近はわかってきたので，一番最初の案を残すようにしています（笑）。下から上がってきた案をそのまま通すと沽券にかかわるとでも，役所の上の人は思うのでしょうか，必ず直しますね。パイロット版ができてからひっくり返ることもあります。

H・Kさん

　最後の最後で覆されることもありますよ。

R・Nさん

　クライアント同士がけんかになるというのも困りますね。事前に担当部門同士のすり合わせは終わっているはずなのに，サンプルを持っていくと解釈の違いが出て，もめて，持ち帰りになってしまうことがあります。そういうときは相手企業の取りまとめ役のような立場の人にお願いしますが，もう少し，クライアントの中で詰めてほしいと思うことはありますね。しかし，けんかするくらいの人は，

eラーニング，コンテンツに強い思いを持っているし，一生懸命で自分でも自信があるので，調整ができれば，うまくいくことが多い。でもけんかはちょっと困りますね。

H・Kさん

ものを作っているときは，こちらと相手と立場が同等でないと進められないですよね。変化球ばかり投げられたら，こっちはおろおろするばかりで，進まないし，いいものができない。

T・Nさん

クライアント企業も完成図，到達点をきちんと持っていないと，意図しないものになって，うまくいかないということになる。軸が決まらないときは，あえて違う方向から話してみたり，引いてみたりというテクニックを使うこともあります。そこでお客さんがひるむか，乗るか，その動きで真意を判断したりすることも必要になります。

I・Kさん

思いつきで指示する人がいますが，受ける側は困りますね。会社の事業として，コンセンサスを持って行ってほしい。

システム部門と教育部門はどちらが優先されるのか？

中村

みなさんも苦労されていますが，企業の担当者の苦労も垣間みているのではないですか。

H・Kさん

担当の方はOKを出してくれたけれど，上から懸案部分が入って困っているんだろうな，と感じることはあります。そういうときには助けてあげないとしょうがない。時間がないなかで苦労しているなと思うときは，こちらが無理しても迅速に返すようにしますね。

R・Nさん

eラーニングだけを担当している方はあまりいません。多くの方が，本職を持っていたり，いろんな仕事を抱えながらeラーニング

も担当されていますね。

中村

　eラーニングを理解していない人が担当だと，進めるのも大変でしょうね。技術担当か，コンテンツ担当かということもあるでしょうね。

R・Nさん

　情報システム担当の方と，研修コンテンツ担当の方がバッテリーを組んでいると，うまくいくケースが多いですね。どちらか片方だけが担当すると，もう片方にお伺いを立てながら進めることになるので大変です。動画コンテンツを作って流したら，ルータの容量が小さくて止まってしまうとか，ほかの業務に支障が出るなどと難色を示されることがあります。メールシステムを作ろうとすると，「どのメールサーバーを使うのか」とシステム側から文句が出たりする。情報システム部門の人が加わっていれば，事前に対応したり，スムーズに解決できたりします。

H・Kさん

　最近は情報システム担当に最初から参加してもらうようにしています。以前は，最後の最後に情報システム担当から「基幹業務のデータが流れない」とストップがかかることがありました。すると研修担当は困って「動画配信は先送りにしましょう」というようなことになってしまう。コンテンツを本社だけでなく，地方の回線の細いところにも送りたいと考える。すると，一番細いところに合わせるのか，細いところにはCD，DVDなどで送るといったように，運用で解決するのかを判断しなければならない。その場合も情報システム担当の壁は避けて通れない。

R・Nさん

　逆に情報システムの人がeラーニングの担当になったとき，コンテンツを持っているのが研修部の上の人だったりすると，情報システム担当が強く言えなくて，「研修部も忙しいようで…」みたいなことで，進まないこともあります。そこは両方がかみ合って取り組め

るように上で調整しないと，担当者が困るばかりで，よいものはできません。

H・Kさん

　コンテンツを各部門，各拠点に配信する場合，企業のネットワークを使わざるをえない。だから各部門を絡ませないと，「うちは困る」という部門が出てきたりして，結局，eラーニングのシステム納入がダメになるケースもあります。そこまで調整しないとだめですね。

中村

　企業の回線はeラーニング配信をするのに十分な容量がない場合が多いのですか。

H・Kさん

　そうですね。ギガビットの回線のある企業は少ないですね。高等教育機関などの学校は進んでいますが，企業はまだまだだと思います。ブロードバンドの普及率は企業の方が学校より少し低いですね。動画などはデータ量が多いので，情報システム担当者にはいやがられますね。ただ，そこでeラーニング担当の方が，学習者の理解度を高めるには動画コンテンツが必要だと強く言ってもらえれば，我々も入っていけます。パケットの量を絞るとか，制限をかけられるとか，情報システム担当者を数字で説得することもできます。

R・Nさん

　同じ会社なのに，情報システム担当者に叱られているeラーニング担当をみることがあります。かわいそうだなと思うし，助けてあげるために情報を提供しなければと思うことはよくあります。

T・Nさん

　私たちはクライアントに「ちょっと，お待ちください」と言うケースが多いですね。受注する前に情報システム担当者に会ってしまうと，3件に1件くらいは反対されます。「とんでもない。そんなデータが流れるわけない」と突き放される。「ネットワークやITシステムはうちが責任を持っている」という自負があるからでしょう。

でも専門家同士ですから準備をきちんとして，ちょうどよいタイミングで情報システム担当者に話をするようにeラーニング担当者にアドバイスします。その調整がうまくいくと，すんなりいくことが多いですね。

中村

そういう調整力，交渉力はベンダに必要な能力ですね。クライアントに対してeラーニング以外のサービスを提供したり，無償でサービスしたりすることはありますか。

H・Kさん

企業は会社の歴史を語るビデオや8ミリなどの，業務や技術に関する映像を多く持っています。ところが，最近は映像を捨てる傾向にあります。でも，2度と撮れない貴重な映像がいっぱいあるということに気づいた自動車メーカーが映像を集めた。そして，それをコンピュータで処理できるデータに変えてほしいと注文されたことがあります。

R・Nさん

eラーニング導入のきっかけとして，映像など貴重な情報をデジタル化するというのはよいですね。

H・Kさん

ビデオテープはみるとすぐ捨てる企業が多いのですが，ノウハウの詰まった情報があるかもしれない。eラーニングをきっかけにデータを掘り起こしてみませんか，という提案は必要ですね。特に製造業の作業などでは，ビデオでしか残っていないものがあるようですから。

R・Nさん

今のお話はコンテンツを増やすことですが，作ったコンテンツの受講者を増やすという提案もできるのではないでしょうか。コンテンツを内定者にも受けさせて，内定者の意欲を高めませんかという提案をしたことがあります。コンテンツを有効活用するため，内定者向けにCDにして提供したりするのは，ベンダのサポートとして

よいと思いますね。部門の担当者は，自分の部門の社員にどう教えるかという発想しかないと思う。それを外にも目を向けてほしいですね。

これからの企業内eラーニングへのヒント

中村

　eラーニングはこれから，さらに幅広く，豊かなものになってくると思います。もっと活用を広げるためのアイデア，夢を聞かせてください。

I・Kさん

　eラーニングはきっかけがつかめれば，急速に広がると思いますが，そのきっかけが何でそれがいつ，どういう形で来るのかが予測できない。技術の伝承という問題，2007年問題に私は期待しています。

T・Nさん

　企業内のすぐれた取り組み，事例をeラーニング化すること，そこに大きなヒントがあると思います。今までの集合教育は教える側と教わる側という立場が固定されていましたが，これからは個別教育とかコミュニケーションラーニングになってきます。このテーマについては私が先生でみなさんが学ぶけれど，別のテーマでは別の人が先生になるというように，学習の形が変わってくるでしょう。誰もが提供して，誰もが受講者になるという関係が，eラーニングが広がることで，当たり前になると思います。それを進めるのが大事なテーマだと思っています。

R・Nさん

　企業内にナレッジ（知）の集合体ができるようなeラーニングになるといいなと思います。2007年問題もあるので，現場をリタイアした人も，後輩にコンテンツを流したり，また，後輩が作ったコンテンツについてアドバイスしたり，現役や内定者と一緒に学び，ナレッジをやり取りするeラーニングができたらよいなと思っていま

す。消費者も巻き込んでもよい。いろんなところからナレッジが発信できるようなeラーニング，みんなが主役で，みんながナレッジを出していくeラーニングを進めたいと思っています。

H・Kさん

　今の企業のeラーニングは双方向といいながらやや押しつけ的で，角が取れていない感じがします。もっと丸くなって，誰でも参加できる，おもしろ味のあるものにしたいですね。企業も，もう少し肩の力を抜いて，リラックスして作った方がよいと思います。今はコンテンツをきれいに編集しますが，その時々のライブ感を残した方がよいと思います。無理に編集するのでなく，丸みのある，人間味のあるコンテンツで，eラーニングを学びたくなる，楽しく学べるものにしたいと思います。

中村

　みなさん，ありがとうございました。この本を読んだ企業のeラーニング担当者のみなさんは，普段，聞くことの少ない他社の課題を知ることができたので，今後の参考になったのではないかと思います。本日は，貴重なお時間をいただきありがとうございました。

3章

成功するeラーニングを実現する人材
―eラーニングプロフェッショナルの未来―

3-1 eラーニング神話の崩壊

　この2～3年，個人情報保護法の施行や，情報セキュリティ関連の事件や事故の多発といった社会情勢の影響で，企業内研修にeラーニングを導入した企業が数多くあります。数千人から数万人規模の社員全員に，短期間で，均一なクオリティの教育研修を行い，「たしかにやった」という履歴を残すためにはeラーニングが最適，という理由からです。

　しかし，このようなeラーニングとの出会いが，企業の信頼性を守らなければならない経営層，教育を企画し実施する研修担当者，そして教育を受ける受講者，それぞれにとってハッピーであったかというと，一概にYesとは言えないのが実情です。

　経営層は，「学習修了率が90％以上，それはわかった。しかし，その結果，業務の効率と業績は，どのように変わったのか？　LMS（ラーニングマネジメントシステム，学習管理システム）からとった膨大なデータはもうたくさんだ。ひと言でいいから，会社がどう変わったか，それを報告してほしい」とため息をつきます。

　一方受講者からは，「No more page turner！（ページめくりは，もうウンザリ！）」，「履歴管理，成績管理，…管理，いつも見張られているようで居心地が悪い」，「講師の顔がみえる研修の方が，いろんなやりとりがっておもしろい」，「いつでも都合のいいときに，と言われても，なかなか時間が取れない。いっそ教室に閉じこめてくれた方が集中できる」と不満が漏れてきます。

　さらに研修担当者は，「座学の研修を企画する方がシンプルでラクだった」，「コンテンツを選んだり，作らせるのは，たいへん！」，「ベンダの見積もりに幅

がありすぎて，何を基準に選べばよいかよくわからない」，「開講中の問い合わせ対応で前より忙しい」と，疲れをみせます。

「いつでも，どこでも，だれでも」できる夢のようなラーニングシステム，それがeラーニングのはずなのに，なぜうまくいかないのでしょうか？ 最新のLMSも奮発して買いました，著名な講師が監修するリッチ・コンテンツもひと揃い買いました，こんなにお金を使ったのに，どうして効果がみえないのでしょうか？ eラーニングは，教育研修にかけるコストを削減し，なおかつ教育の効率が上がる，そういう素晴らしいものではなかったのでしょうか？

1990年代後半からeラーニング・ブームが起こった欧米でも，2000年初頭からeラーニングが注目された日本でも，ほどなく，「eラーニング神話の崩壊」がささやかれるようになりました。

この章では，こうした「導入したけれど効果の上がらないeラーニング」を，どのように評価し，修正し，バージョンアップして，誰もが納得し，満足するeラーニングに進化させればよいか，という課題について，今まであまり語られることのなかった「eラーニング専門家」の資質にフォーカスして紹介していきたいと思います。

3-2　eラーニングプロフェッショナルの重要性

eラーニングを企画，設計，開発，運用，評価する場合，欧米ではまずインストラクショナルデザイナーを中心にチーム・ビルディングを行います。人事戦略担当者，研修企画担当者，チューター，コンテンツデザイナー，システムデザイナー，アートディレクターなどを含むチームメンバー全員で，導入コンセプト，導入目標の明確化，導入プロセスの管理，評価の基準と運用方法などを検討し，各メンバーの知識とスキル，経験に基づき，役割分担，責任分担を行い，スケジュール管理，コスト管理，品質管理の基準を決めます。

こうしたプロフェッショナルたちはどのように教育され，成功するeラーニングをマネジメントしていくのでしょうか。

ここでは，英国CeLPを例にとって，eラーニングプロフェッショナルに必要な資質とは何かを考えてみましょう。

3-2-1　英国 CeLP（Certified e-Learning Professional）の場合

　2005年3月に訪れた，英国コベントリーの Warwick 大学内の Science Park。うっそうとした森の中に，レンガ造りの2階家が点在し，広々とした芝生を野うさぎが走るさまは，さながら「不思議の国」に迷い込んだような可愛い風景です。その一角にある"The Training Foundation"が，英国における e ラーニング専門家資格である CeLP の研修機関。2002年1月に CeLP 誕生以来，専門家育成を行ってきた中心機関です。

　この The Training Foundation の Corporate Development Director である Snook 氏に，英国における e ラーニングの現状と課題，CeLP 誕生のきっかけについて伺いました。

　1990年代，e ラーニングはインターネットの「キラー・アプリケーション」ともてはやされ，研修トレーニングを「より速く，より安く，より素晴らしいもの」にする万能薬とさえ言われました。1999年の COMDEX で CISCO の CEO，John Chambers が「教育とインターネットは手に手をとって進化する。それは我々の仕事，生活，遊び，そして学びのあり方を変えるものだ」と言った時期には，e ラーニングの前途は輝くばかりでした。

　1999年の IDC の調査によれば，「e ラーニングは100％の年成長率」となっています。つまり2003年までには340億ドル市場に膨らむと予想されていたということです。ところが2001年には，「2004年までに230億ドル」と下方修正されました。当時，ガートナー・グループなど，ほかの調査機関もまだ同様の予想をしていました。

　しかし，実際の2003年の市場規模は，2001年の予想の60％にとどまりました。「配信プラットフォームや高価な LMS，市販のコンテンツに対する多額の投資があったにもかかわらず，本当に有効な e ラーニングプログラムはほとんどなく，新規ビジネスとしての目標を達成していない」。当時英国では，このような悲観的なムードが満ち，「e ラーニングの第一の波は消えてしまった」との見方が広まりました。

　いったい何が間違っていたのでしょうか？

3-2-2　最初のeラーニングの波が消えてしまった5つの理由

　CeLPでは，この最初のeラーニングの波が消えてしまった理由として，5つの"間違い"を挙げています。その概要を紹介しましょう。
①システムベンダのリード
　効果的なeラーニングには，まず高性能で高価なLMSが必要，というシステムにフォーカスした議論が先行したことです。そこには教育が本来最も大事にすべきヒューマンタッチがほとんど感じられない「冷たい管理システム」しか生まれませんでした。

　　　　　これが間違い！
　　　　　実はLMSがなくてもeラーニングはできるのだ。

②テクノロジーの先行
　eラーニング導入のときにありがちなのがIT部門によるリードです。勢い社内インフラやネットワークとの連動，親和性という視点に偏りがちです。

　　　　　これが間違い！
　　　　　本来はラーニング先行であるべきで，経営情報システムとの連動が
　　　　　最も大事なのである。

③汎用コンテンツから選ぶのがおトク
　よくあるケースですが，eラーニング導入予算のほとんどをLMSとシステム開発につぎこんでしまって，コンテンツ開発のお金が残ってない，という事態があります。とりあえず，格安な汎用コンテンツでラインナップを揃え，体裁を取り繕おうとしてしまいます。

　　　　　これが間違い！
　　　　　コンテンツはJobとBusinessに密接に関連したものを注意深く開発
　　　　　しなければ，効果はない。

④eラーニングとはひとりでコツコツ学ぶもの
　eラーニングは自学自習が基本です。コンテンツとは，伝統的なクラスルーム研修の教材をデジタル化したもの，シミュレーションやゲームを取り入れたリッチなものにしろ，学習者はひたすら「受け身」の姿勢で眺めるもの，というイメージが強くありました。

　　　　　これが間違い！

eラーニングの本当の利点は，オンライン上で初めて実現する高度なインタラクティブ性にある。成功するeラーニングには，プロアクティブなチューターのサポートと，学習者同士の情報交換が欠かせない。オンライン上のコミュニケーションを有効に活かすかどうかが，勝負なのである。

⑤eラーニングは研修コストを削減するのが目的

トレーナーの代わりにテクノロジーを使うのがeラーニングです。トレーナーは無用になり，人件費や，研修に参加するための交通費・会場費などがなくなるので，研修コストは大幅に削減される，それがeラーニングの利点であるという主張がありました。

これが間違い！

トレーナーはラーニング戦略のキーパーソンであり，有効なeラーニングをつくり，サポートし，運用していくうえで最も大事な役割を担う。トレーナーは，リアルなクラスルームからインターネット上のバーチャルなクラスルームに学習環境が変わったときに，コミュニケーションのツールや手法，ルールはどうあるべきか，を新に組み立てていくべきであり，その開発・研究にはむしろ時間や費用がかかるとみるべきである。

3-2-3　成功するeラーニングに欠かせないもの

それでは，このような失敗を繰り返さないために，気をつけなければならないことは何でしょうか。CeLPから学んだ「成功するeラーニングの要素」をまとめると次のようになります。

①誰を対象に，どのようなコンテンツを，どのようなメディアを使って提供するのが最も妥当であるか，答えを出せる研修のプロフェッショナルが必要です。この場合，あくまでもテクノロジーではなく学習者にフォーカスして議論できることが重要です。

②コンテンツは学習者の業務上の具体的なニーズと課題に直接応える内容でなければなりません。また，コンテンツはそれ自体が研修トレーナーに代わるものではありませんが，対面の研修トレーニングよりも，専門家と学習者や

学習者同士の密なディスカッションや共同学習が生まれるように工夫することで，より効果的な学習効果が生まれます。コンテンツのストーリーは興味深いものであり，インフォーマルなラーニングでも活用されるものです。

③すべてのeラーニングが対面研修と同じ効率で同じ効果を上げるとは限りません。ロールプレイのようにeラーニングでは難しい手法もあります。eラーニングを成功させるためには，eラーニングだけにこだわらずほかのメディアによる教育も積極的に取り入れる視野の広さを持った専門家が必要です。

④eラーニングの弱点のひとつに，「学習者の孤独」があります。自己管理能力があまり高くなく，eラーニング環境に慣れていない学習者の場合，クラスメートの姿がみえない状況は不安と自信喪失を招きます。学習者を励まし，モチベーションを維持させるためには，プロアクティブなチュータリングを行う必要があります。学習者は適当なタイミングに，ポジティブなフィードバックを与えられることで初めて積極的に学習に取り組むようになるのです。

⑤月並みな言い方ですが，eラーニングを考えるときは，"e"をとった「ラーニング」の枠組みで考えるべきでしょう。そうして初めて，eラーニングは研修の専門家にとって自然に使いこなせる有効なツールになるのです。

以上の5つの要素を実現するためには，必要不可欠なものがあります。それは何でしょうか？　自信を持って新しいメディアを使いこなす"New Skills"を持ったeラーニングのプロフェッショナルたちなのです。

3-3　eラーニングプロフェッショナルに必要なコンピテンシー

オンラインラーニングは「学習者中心」であるべきだと言われています。学習者が気持ちよく積極的に学習に取り組む（ラーニングする）ためには，オンラインで研修を提供するときも，サポートをするときも，教材を開発するときも，研修担当者には今までの対面研修では使わなかった「新しいスキル」が要求されます。「新しいスキル」とは何か，ここで具体的に考えてみましょう。

3-3-1 eラーニングプロフェッショナルの「新しいスキル」とは何か

先ほども述べたとおり，まずeをとった『ラーニング』についての基礎的なスキルを有していることが必須です。そのうえで，『eラーニング』のプロフェッショナルに必要なスキルについて，次の6つの視点で考えてみます。

●テクノロジーの可能性を理解するスキル

eラーニングには，コンテンツ制作，コンテンツ配信，コンテンツ管理，コミュニケーション管理，学習履歴管理など，最新のテクノロジーを活用したさまざまなツールが必要になります。ツールの可能性，利点，欠点を理解したうえで，今必要としている機能，仕組みは何か，などを見極めるスキルが必要になります。eラーニングのプロフェッショナルに必要なのは，最新のいいツールを用意することではありません。学習者に優しい環境を用意することです。また，テクノロジーは日々進化します。現在だけではなく，将来の可能性にも注目し，ほかのシステムとの連携や，ラーニング以外の情報管理システム，コミュニケーションシステムとの連動も視野に入れて考えるべきです。

●学習者に最適なメディアが選択できるスキル

メディアはますますリッチになり，テキスト＆静止画から，音声，動画，シミュレーション，ゲームなど，おもしろい，興味深いものが増えています。しかし大事なことは，メディアとして魅力的かどうかではありません。学習内容として伝えるべきものを，最も学びやすく，効率的で，ストレスが少ないものにするためには，そのメディアが最適かという視点です。第1に学習者の学習スタイル―時期，頻度，時間帯，環境―を調査し，それにフィットしたメディアを選ばなければなりません。eラーニングといっても，使用するツールはパソコンだけとは限りません。これからは，モバイル，iPodなどのツールの使い分けも考慮する必要があります。

●e-Learning-friendlyなインストラクショナルデザインのスキル

インストラクショナルデザインの中でもeラーニングに特化したデザインのスキル，つまりマルチメディアに基づくインストラクショナルデザインのスキ

ルが必要になります。教材テキストを使ったクラスルームでの指導とは違い，ネットワークやシステム，ユーザーのパソコン環境やスキルなど，新たに考慮しなくてはならない制約事項が増えました。一方，音声や動画，オンライン・コミュニケーションなど，今までになかった魅力も生まれています。こうした制約事項と新たな可能性の両方のバランスをとりながら，eラーニング化することで，より効果的，効率的，魅力的になるデザインのスキルが要求されます。

• 自作コンテンツの仕様を決め制作するスキル

　学習目標に即したコンテンツの構造，教授法，メディア，インターフェースデザイン，インタラクティビティなどを選択し，学習者にとって魅力的なコンテンツのスタイルを設計できることです。さらに実際に制作する，あるいは制作チームのマネジメントをするスキルは重要です。eラーニングのコンテンツ制作は，SME（Subject Matter Experts）はもとより，システム，デザイン，マルチメディアなど多くの分野の専門家がかかわるプロジェクトです。プロフェッショナルのチームをどのようにうまくコントロールしていけばよいのか，その能力が問われます。

• 遠隔地の受講生にサポートを提供し，モチベーションを維持するスキル

　自学自習が基本であるeラーニングで，学習者のモチベーションを喚起し，維持し，「自ら学ぶ力」を育てるには，ファシリテーション，コーチング，メンタリングなどの学習支援のスキルが欠かせません。特に対面の学習とは異なり，文字などの限られたメディアの活用と，同期・非同期の組み合わせといった特殊な環境による制約を理解し，オンラインならではのコミュニケーションの可能性を探る能力は最も大切なものです。

• eラーニングの運用を効果的に管理するスキル

　eラーニングの特長のひとつに，学習スタイルの多様性が挙げられます。教室での，ワンパターンの講義と異なり，個々の学習者の前提知識・スキル・経験，理解スピード，学習スタイルの違いに応えることができるということです。ただし，そのためには，いつ，どのように学習者のアクティビティをトレッキ

図 3.1 The Training Foundation の旗。インストラクショナルデザイナー，SME，IT 技術者など，「新しいスキル」を持ったプロフェッショナルが協力していくことをイメージしている

ングし，評価し，フィードバックしていくのが効果的かという運用管理をデザインするスキルが求められます。本来のラーニング，つまり「自ら学ぶ力」をつけるためには，管理者のための管理あるいは評価ではなく，学習者自信が達成感や満足感を獲得できるような管理技法，評価技法を開発しなくてはなりません。

3-3-2 「新しいスキル」を持つプロフェッショナルたち

　成功する e ラーニングに必要不可欠なスキルについて述べてきましたが，このようなスキルを持つ専門家とは何か，専門家同士がどのようにかかわり，協力すべきなのか，ここで考えてみたいと思います。
　CeLP の例をみると，e-Learning Professionals を次の 5 つのカテゴリーに分類しています。

- Certified e-Learning Tutor：e ラーニングチューター
　オンライン・コミュニケーションのスキルを活かして学習者との信頼関係を構築し，チューターと学習者，あるいは学習者同士のコミュニケーションを活性化し，学習スケジュールと学習進捗度を比較観察しながら，適宜，技術的あるいは学習テーマにかかわる学習者支援を行い，目標達成に導く専門家です。

- Certified e-Learning Trainer：e ラーニングトレーナー
　バーチャル・トレーナーともいい，リアルな対面ではないクラスルーム環境

で，さまざまなツールを活用し，同期・非同期の教室運営，教授を効果的に行っていくスキルを持つ専門家です。情報提供型の教授法ではなく，学習者自身が主体的に学習に取り組めるように指導することがメインで，そのためのルール作りや，ツールの選択，学習効果の測り方を決めることができます。

- Certified e-Learning Developer：e ラーニングディベロッパー

教育戦略に基づいたコースのデザインと開発ができるスキルを持つ専門家です。学習目標と学習者特性から，最適のコースデザイン，教授法，コンテンツデザイン，配信方法，ハードウェアとソフトウェアの環境を整えることができます。コース設計仕様書，技術仕様書，開発仕様書を作成し，各ドキュメントに準じた開発を実行します。

- Certified e-Learning Manager：e ラーニングマネジャー

組織における e ラーニング導入戦略の策定スキルと，導入プロジェクトを管理するスキルの両方を有する専門家です。e ラーニング導入の利点を正しく分析し，達成目標と戦略を明確にするとともに，実行に必要なインフラの整備，ポリシーの策定，評価基準と評価の手法を決め，導入プロジェクトをモニターしコントロールすることができます。

- Certified e-Learning Consultant：e ラーニング・コンサルタント

e ラーニング導入を考える組織の現状分析と目標分析を行い，効果的な提案書を作成することができる専門家です。調査分析に基づき，e ラーニング戦略とそれを支えるインフラ整備，コンテンツ開発工程，運用ポリシーに関して提案し，導入効果の ROI 分析の手法を定義します。

3-3-3　e ラーニングプロフェッショナルに共通の基本コンピテンシー

この5つのプロフェッショナルのスキルをコンピテンシーで表現すると，次のようになります。

① Certified e-Learning Tutor：e ラーニングチューター
- ラーナーサポートに必要な受講者に関する情報を収集することができる

- 学習者が必要とするeチューターに関する情報を提供することができる
- お互いに期待していることを整理し，"Learning Contract"を作成することができる
- 学習効果の上がるアセスメント手法を選ぶことができる
- いつ，どんな目的で，どのようなアセスメントをするのか知らせることができる
- 最も効果のある時期に，最も効果のある内容のフィードバックを与えることができる

② Certified e-Learning Trainer：eラーニングトレーナー
- バーチャルなセッションを活用するために適当なメディアを選択することができる
- バーチャルクラスルーム運営のルールを決めることができる
- メディアに適したコミュニケーションの方法をガイドすることができる
- 学習者のソフトウェア利用のスキルをチェックすることができる
- 学習効果の高いコミュニケーションのシナリオを作成するこができる
- バーチャルセッションを効率的にコントロールすることができる

③ Certified e-Learning Developer：eラーニングディベロッパー
- 目標分析，受講生分析，成人学習学に基づいて開発戦略をたてることができる
- コンテンツ設計，メディア設計からチュータリングプラン，履歴管理までを含むコース開発仕様書を書くことができる

④ Certified e-Learning Manager：eラーニングマネジャー
- eラーニング導入プロジェクトの準備，モニター，指導，評価，修正を行うことができる

⑤ Certified e-Learning Consultant：eラーニング・コンサルタント
- eラーニング導入が組織全体に与えるインパクト，利益，変化を明確に示すことができる

以上の5種類の専門家に共通の基本的なコンピテンシー，eラーニングにかかわる人には等しく必要とされる知識として，6つの基本知識があります。

- eラーニング概論

 伝統的な教授法と比較したeラーニングの特長を説明することができ，いつ，どこで使うべきか提案することができる

- インターネット概論

 インターネットとは何か，どのように発達してきたのか，何ができるのか，WWWやブラウザで何ができるのか，などについて説明することができる

- 成人学習理論の基礎

 大人の学習者と子供の学習者の違いと特徴，学習の3つの領域，行動主義や構成主義など異なる理論，学習スタイルの違いによるインパクトなどについて説明することができる

- 受講者ニーズ分析技法

 ターゲットとする学習者を定義し，彼らのタスクをより効果的，効率的にするために要求される課題を洗い出し，それが学習で解決できる要素なのかどうか判断し，目標達成のための学習計画を用意するとことができる

- eラーニングプロジェクト概論

 eラーニングプロジェクトのプロセスを定義し，各段階で達成すべきことは何か説明することができる

- eラーニングチームマネジメント概論

 eラーニングプロジェクトにおけるマネジャー，開発者，チューター，トレーナーなどの役割分担が明確にでき，よりよいチームワークの枠組みを作ることができる

 これらの基礎知識の上に，各専門家に特化した知識を学習し身に付けることで，eラーニング導入という大きなプロジェクトを効率的かつ正確に進めるチームができるというのがCeLPの思想でした。いわば，この基礎知識はeラー

ニング専門家の共通言語であり，最低限，身に付けなければならない常識と言えるでしょう。ユーザー，ベンダのいずれも，この共通言語を持つことによって，「火星人と金星人の会話」などと揶揄された食い違いもなくなり，結果として高品質の e ラーニングコースを開発，運用することができるようになるのです。

実際に CeLP のコースを受講した学習の感想をみると，コースコンテンツの品質，トレーナーとのインタラクションに対する高い評価にも増して，e チューターとのコミュニケーションが学習効果を挙げ，e ラーニングに対する達成感，満足感を大きくしていることが実証されています。

例えば，「コンテンツそのものよりも，さまざまなラーニング・アクティビティや学習者同士のチャットから貴重な情報を得ることができた」，「なかなかタフなコースだったね！でも最後までやりとげたよ。教材は，よく吟味されていたし，構成も素晴らしかった。しかし何より，イボンヌ（チューターの名前），君はほんとに素晴らしい！ それと Training Foundation のチームのおかげだ！君たちとずっといっしょに学習できたことが，何よりの財産さ」など，学習に対するポジティブな姿勢，さらなる好奇心，オンラインでの情報交換の楽しさを身に付けた喜びをみてとることができます。つまり，ラーニングがイベントではなく日常的なプロセスとして受け入れられた証拠なのです。

しかし，こうした e ラーニングにかかわる人の教育については，残念ながら，日本では体系的に行われていなかったのが現実です。e ラーニングのインパクトについて疑問視されてきたのも，コンテンツやシステムなどのハード面の充実が先行し，それをうまく使い効果を上げるノウハウを有するプロフェッショナルの確保といったソフト面の充実が遅れていたからにほかなりません。

そこで，日本イーラーニングコンソシアム（eLC）では CeLP を参考に，2004 年から日本の「e ラーニングプロフェッショナル」のコンピテンシーの調査・分析と，教育プログラムの開発に取り組んできました。日本特有の教育文化や IT 環境，さらには e ラーニングに対する理解を考慮したうえで，日本の e ラーニングプロフェッショナルの人材像とそのコンピテンシーを定義し，教育コースプログラムを計画しました。現在はパイロットコースを開催しています。

3-4 eラーニングプロフェッショナルになるには？

　eLC eラーニングプロフェッショナル（eLP）研修委員会は，eラーニングプロフェッショナル（eラーニングの専門家）の仕事の定義，役割分担，コンピテンシーを定義し，コンピテンシー開発のためのコースプログラムの提供を行っています。ここではまずその概要について解説しましょう。

3-4-1　eラーニングプロフェッショナルの仕事

　eラーニングプロフェッショナルとは，具体的に何をする人材なのでしょうか？　どのようなスキルや能力を持つ人材がその役割を果たすべきなのでしょうか？　疑問に思う人も多いと思いますが，eラーニング導入，運用に欠かせない専門家として，eLPでは7つの職種を挙げました（図1.12参照）。これは第1章の中でより詳しく説明してあります。

- マネジャー：ユーザー企業におけるeラーニング導入の責任者
- エキスパート：ユーザー企業におけるeラーニング導入実務責任者
- チューター：ユーザー企業におけるeラーニング学習者の支援者（チューター，メンター）
- コンサルタント：eラーニング導入計画提案者。マネジャーの支援者
- ラーニングデザイナー：eラーニング導入実務責任者。エキスパートの支援者
- コンテンツクリエーター：ラーニングデザイナーの指示を受けたコンテンツ開発者
- SCORM技術者：SCORMコンテンツ開発の指導者

　この7種のプロフェッショナルの，導入プロジェクトにおける役割分担を示したのが図3.2です。

　ユーザー側のエキスパートと，ベンダ側のラーニングデザイナーがコアとなって，そのほかのプロフェッショナルが各工程で協力し，プロジェクトを進めていくプロセスが一覧できます。CeLPと比較すると，コンテンツクリエーター，SCORM技術者といった開発系の人材の役割が細分化され，特化したタスクが与えられています。一方，インストラクター，メンター，あるいはSME

	戦略策定	導入プロジェクト進行				
		研修企画	システム構築	コンテンツ制作	学習	評価
マネジャー	導入方針 組織確立 計画策定 トップ連携					導入評価
エキスパート	マネジャー支援	計画詳細 学習目標 人事部門連携 プロジェクト管理	システム準備 IT部門連携 プロジェクト管理	科目選定 メディア選択 コンテンツ準備 SME連携 プロジェクト管理	問題解決 計画修正 IT部門連携 SME連携 プロジェクト管理	導入評価 プロジェクト管理
チューター					学習管理・支援 SME連携	
コンサルタント	コンサルティング					
ラーニングデザイナー		研修方法の提案	システム提案 SE連携	コース設計	問題解決支援 SE連携	コース評価
コンテンツクリエーター				コンテンツ開発		
SCORM技術者				SCORM化指導		

図3.2　eラーニングプロフェッショナルの役割分担

（Subject Matter Expert：学習テーマの専門家）の役割については，チューターという大きなくくりでまとめられています。学習テーマ，あるいは学習者のサポートよりも，コンテンツ制作者や技術者の役割にやや重心がおかれているのが特徴であるといえます。現在の日本のeラーニングプロフェッショナルに求められる知識，スキルに応える体系です。しかし今後，eラーニングの本質が，「コンテンツを閲覧すること」から，「バーチャルな空間でのインタラクション，コミュニケーションから生まれる新たな学びの可能性の追究」に変わるとき，eラーニングプロフェッショナルの役割も大きく変化していくことになるでしょう。

3-4-2　eラーニングプロフェッショナルの共通コンピテンシー

eLP研修委員会では，すべてのeラーニングプロフェッショナルに必要な共通のコンピテンシーを開発するコースとして次の7コースを想定しています。

- 企業内教育の基礎
- インストラクショナルデザインの基礎
- eラーニング概論
- インターネット概論
- 教育・学習理論の基礎
- eラーニングプロジェクトのプロセス概論
- eラーニングプロジェクトのチームマネジメント
- eラーニングのモラルとコンプライアンス

　企業内教育，コンプライアンスを共通の項目として重要視し，日本のeラーニング事情を反映したコースラインナップになっています。ユーザー，ベンダを問わず，eラーニングにかかわる人の共通言語として必要なこれらの共通コンピテンシーを身に付ける場として，eLP研修委員会では，現在，研修セミナーあるいはワークショップ形式でのコースプログラムの実施をするとともに，eラーニングコースの提供も計画しています。

3-5　eラーニングプロフェッショナルの未来

　この章では，英国CeLPの成功事例を参考にしながら，これからのeラーニングを支える専門家の役割，責任，資質，そして専門家を育てる教育コースの概要について紹介してきました。こうした専門的な知識やスキルの上に，豊富な経験と多様なラーニング・センスが加わることによって，すぐれたeラーニングプロフェッショナルが育ち，成功するeラーニングの事例が増えることと思います。

　最後に，eラーニングプロフェッショナルの将来像について述べておきたいと思います。

　企業や大学などの組織の中で，eラーニングを活用した教育システムは，近い将来，必須のものとなり，大きく成長することでしょう。今後の進化の過程としては，大きく2つのステップが予想されます。

　最初のステップは「コンテンツで学ぶ」eラーニングから，「インターネット上の情報コミュニケーション技術を活用したインタラクティブな」eラーニン

グへの進化です。もちろんこれからも，SMEとIDを中心とする開発チームによって作られたコンテンツの配信がなくなるわけではありません。しかし，コンテンツを閲覧することによる学びの情報よりも，コンテンツ以外のサービスから得る学びの情報量の割合が飛躍的に伸びていくことは明らかです。やがてコンテンツは「学びのきっかけ」あるいは「モチベーションを喚起する」役目しか果たさなくなるかもしれません。情報の鮮度という角度からだけみれば，インストラクターと学習者，あるいは学習者同士のスピーディでインタラクティブな情報のやりとりの方が，価値が大きいでしょう。しかし，こうした「スピーディな学び」のシステムが有効に使われるためには，eラーニングプロフェッショナルによる学習者サポートが不可欠なのです。つまり，多様な学習者のコミュニケーション能力を開発し，学習者主体のeラーニング・システムを効果的に運用するための指導です。このステップにおけるeラーニングプロフェッショナルのコア・コンピテンシーは，パーソナライズした高度な他人とのコミュニケーション技術になるでしょう。

　さらにその次のステップとして考えられるのが，eラーニングプロフェッショナルのeラーニング以外の分野への進出です。つまり，eラーニング以外の教育研修トレーニング・メディアや，さらには教育研修トレーニング以外の情報共有のシステム，例えばパフォーマンス・サポート・システムやナレッジマネジメント・システムなどを含む組織のラーニングとパフォーマンス全体を設計するチームの中核的な存在への成長です。情報技術時代をリードする人材には，常に新しいことを学び，活用し，さらにオリジナルなアイデアを生み出す力が求められています。そのためには，「消極的な学習者」から「積極的な学習者」への変革を促すとともに，組織の中に，そうした学習者のタレントを活かすポジションを用意し，インセンティブを与え，「学び続けることができる」肯定的な環境を用意することが必要になります。このステップまでくると，eラーニングプロフェッショナルは，ラーニングの専門家から，むしろビジネス戦略を実現するためのパフォーマンス・コンサルタントへとその姿を変えるかもしれません。

　いずれにしてもeラーニングプロフェッショナルは，ITを効率的に活用するコミュニケーション技術，マルチメディアを効果的に開発するデザイン技術を

有した，魅力的なラーニングの専門家としてますます活躍の場を広げることでしょう。

4章

eラーニングの標準化

4-1 eラーニングの標準化についてこんな誤解が…

　日本イーラーニングコンソシアム（eLC）では，eラーニング製品の標準化のための活動をしています。その活動に対して，いろいろな反響が出てきました。eLCの標準化推進活動が，eラーニング製品の品質向上や普及に役立っているという評価をいただくことがあれば，このような反応を受けることもあります。

- 標準化なんて必要ない
- 標準化は製品バリエーションを狭くする
- 標準化なんて古い

　eLCの標準化推進活動では，標準化している製品を認証したり，標準化製品を評価する技術者SCORMアセッサを認証したりしています。例えば，SCORMアセッサの人数は，現在68人になっていて（2006年12月現在），活動成果がわりと顕著になっているため，さまざまなご意見をいただいているのかもしれません。

　標準化についてはさまざまな受け止め方があるようです。標準化というと，何でも横ならびにするというイメージがあり，教育はそういう画一的な仕方で提供するものではなく，学習者の個性や理解度に合わせて教えるべきであるということかもしれません。標準化というと，どんな人にも一様に教育がされる感じがして好ましくないということかもしれません。

　また，eラーニング製品を標準化していくと，eラーニング製品は規格に沿って製品を作らなければならなくなり，製品の特徴を出せなくなり，バリエーションが狭く，製品間の優劣がつけにくくなる感じがするということかもしれま

せん。

　eラーニングの標準化ということがうたわれ出してから，ある程度年数が経ちます。いまだに標準化ということを話題にするのは，いささか古いという感覚があるかもしれません。

　もちろん，標準化は，eラーニングの世界の中の一要素にすぎず，標準化を導入することでeラーニング製品がすばらしくよくなるということではありませんし，どんな場合でも標準化を導入した方がよいということでもありません。

　ただ，標準化について誤解があったり，標準化を度外視していたために後で無駄が生じ，非効率なeラーニングの運営がされて余計に費用がかかったということがあるため，標準化についてある程度理解しておくのはよいことです。

4-2　eラーニングの標準規格 SCORM はどこが作っているの？

　SCORMという標準化規格のことを，聞いたことがあるかもしれません。eラーニング製品を標準化させるためには，「こういう基準に従って製品を開発してください」という標準規格が必要になります。eラーニング製品に関する標準

① SCORM概要

② SCORMコンテンツアグリゲーションモデル

以下が載せられている
・メタデータモデル（IEEE http://www.ieee.org/portal/site）
・コンテンツパッケージング（IMS http://www.imsglobal.org/）
・コンテンツ構成（AICC http://www.aicc.org/）
・メタデータXMLバインディングと推奨事例（IMS）

③ SCORMランタイム環境

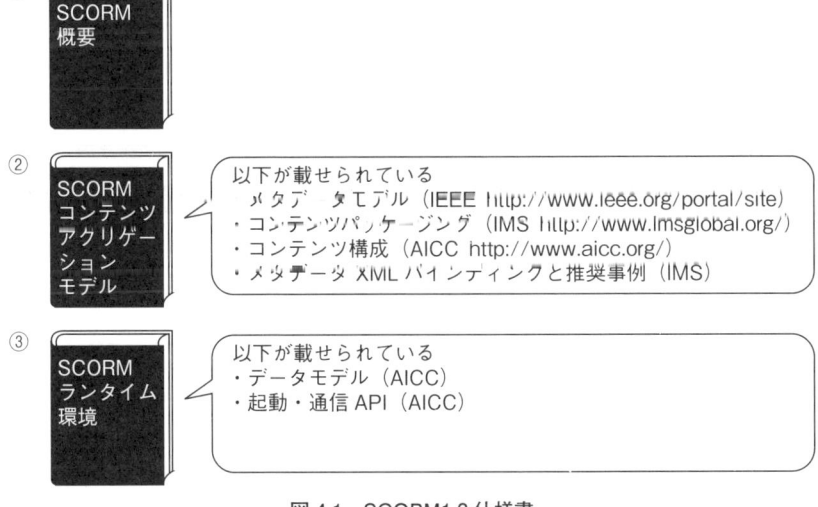

以下が載せられている
・データモデル（AICC）
・起動・通信API（AICC）

図 4.1　SCORM1.2 仕様書

化規格で，現在日本市場で普及しているのが，SCORM です。

　SCORM は，米国の標準化団体の ADL（Advanced Distributed Learning）が策定・運用している規格です。SCORM にはバージョンがあり，現在日本市場で普及しているのは，SCORM1.2 というバージョンの規格です。SCORM1.2 は 3 分冊の仕様書からなっていますが，SCORM は単一の規格ではなく，複数の団体が策定した規格を組み合わせたものです（図 4.1）。

4-3　SCORM1.2 は何が決めてあるの？

4-3-1　SCORM の考え方

　SCORM のフルスペルは，Sharable Content Object Reference Model で，日

普通にコンテンツを作った場合

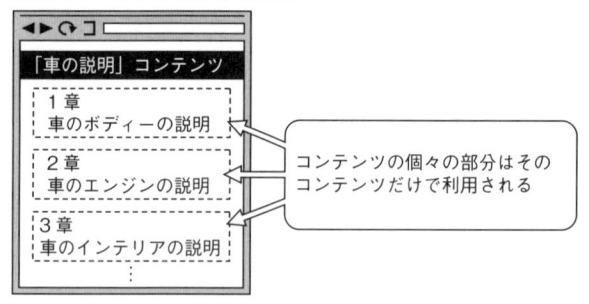

「車の説明」コンテンツ
- 1 章　車のボディーの説明
- 2 章　車のエンジンの説明
- 3 章　車のインテリアの説明

コンテンツの個々の部分はそのコンテンツだけで利用される

SCORM の考え方に従ってコンテンツを作った場合

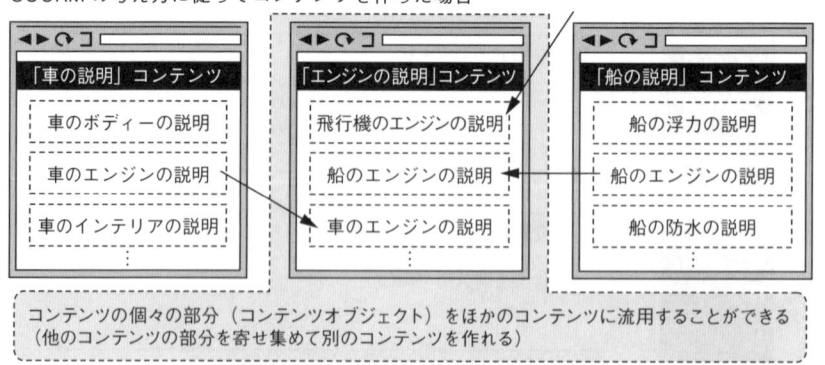

「車の説明」コンテンツ
- 車のボディーの説明
- 車のエンジンの説明
- 車のインテリアの説明

「エンジンの説明」コンテンツ
- 飛行機のエンジンの説明
- 船のエンジンの説明
- 車のエンジンの説明

「船の説明」コンテンツ
- 船の浮力の説明
- 船のエンジンの説明
- 船の防水の説明

コンテンツの個々の部分（コンテンツオブジェクト）をほかのコンテンツに流用することができる（他のコンテンツの部分を寄せ集めて別のコンテンツを作れる）

図 4.2　SCORM コンテンツの考え方

本語で表現すると「共有可能なコンテンツオブジェクト参照モデル」ということになります。難しい言葉ですね。SCORMでは，コンテンツの個々の部分をコンテンツオブジェクトと呼んでいます。そして，そのコンテンツオブジェクトをひとつのコンテンツの中だけで使うのではなく，複数のコンテンツで共有できるようにするための規約集が，SCORMということになります。

例えば，何も考えずにコンテンツを作る場合には，コンテンツの個々の部分は，そのコンテンツ内だけで使用されます。一方，SCORMに従ってコンテンツを作ると，コンテンツの一部分を取り出してそれを別のコンテンツの一部にすることができます。

しかし，実際には，コンテンツの一部分がほかのコンテンツに使われているケースはあまりみられないようです。では，SCORMの利用が無意味になっているのでしょうか？ そうではありません。SCORMを使うメリットは後述します。

SCORM1.2では，大きく分けて以下の2つのことを規定しています。
- コンテンツアグリゲーションモデル
- ランタイム環境

4-3-2 eラーニングに必要なもの

eラーニングで代表的な製品は，LMSとコンテンツです。では，LMSとコンテンツはどのように動作して，学習者に教材を提供しているのでしょうか？ その流れは，図4.3のとおりです。

4-3-3 コンテンツアグリゲーションモデル

コンテンツアグリゲーションモデルでは，アグリゲーション（集合体）という言葉に示されているように，「コンテンツオブジェクトをどのような構造で作り上げるか」ということが規定されています。

通常eラーニングコンテンツは，HTMLファイルや画像ファイルやムービーファイルなどで作られ，それらのファイルはフォルダ構造の中に整理されます。コンテンツアグリゲーションモデルの規定では，フォルダ構造の一番上の階層に，マニフェストファイルと呼ばれるひとつのファイルを置きます。マニフェ

図4.3 学習者への教材提供手順

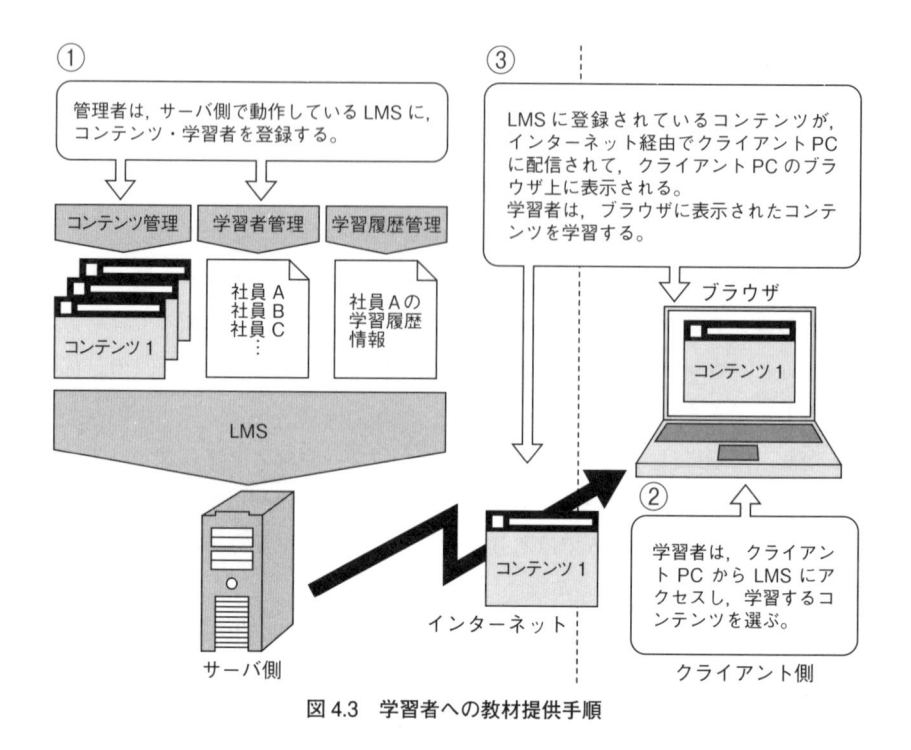

① 管理者は、サーバ側で動作しているLMSに、コンテンツ・学習者を登録する。

② 学習者は、クライアントPCからLMSにアクセスし、学習するコンテンツを選ぶ。

③ LMSに登録されているコンテンツが、インターネット経由でクライアントPCに配信されて、クライアントPCのブラウザ上に表示される。学習者は、ブラウザに表示されたコンテンツを学習する。

ストファイルは、名前がimsmanifest.xmlと決められていて、xml形式のファイルで作成します。

　コンテンツアグリゲーションモデルでは、共有できるコンテンツオブジェクトを、SCO（Sharable Content Object）と呼んでいます。マニフェストファイルでは、SCOがどう構成されているかを記述します。

　コンテンツベンダは、コンテンツアグリゲーションモデルに従って、マニフェストファイルを作成します。LMSベンダは、マニフェストファイルを解釈して、コンテンツオブジェクトを順番どおり配信できるようにLMSを開発します。

4-3-4　メタデータ

　コンテンツアグリゲーションモデルの中では、メタデータの記述方法も説明しています。メタデータでは、コンテンツやSCOがどういう内容でどういう特

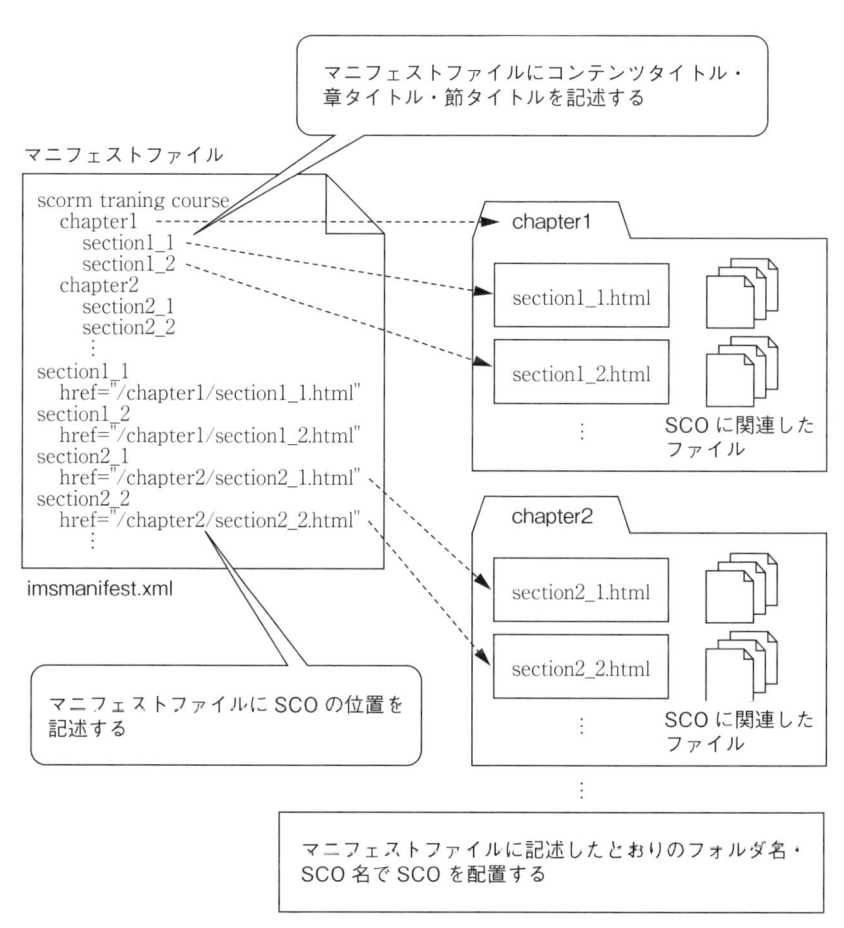

図 4.4　コンテンツアグリゲーションモデルに従って作成されたコンテンツ

徴を持ったものかを記述します。コンテンツについてのメタデータはマニフェストファイル内に記述し，SCO についてのメタデータは SCO ごとに xml ファイルで作成します。

　メタデータを記述したコンテンツや SCO をコンテンツリポジトリ（コンテンツの貯蔵庫）に入れておくと，メタデータの情報をもとに，コンテンツや SCO を検索できます。

検索語「車のボディー」

コンテンツリポジトリ

コンテンツやSCOにメタデータを記述してコンテンツリポジトリに入れておくとメタデータの情報をもとにコンテンツやSCOを検索できる

「車の説明」コンテンツ

マニフェストファイル

コンテンツのメタデータ
「車のボディ・エンジン・インテリアについての説明」
imsmanifest.xml

コンテンツのメタデータはマニフェストファイル内に記述する

chapter1

section1_1.html

section1_1.xml
section1_1についてのメタデータ
「車のボディーについての説明」

section1_2.html

section1_2.xml
section1_2についてのメタデータ
「車のエンジンについての説明」

SCOのメタデータはSCOごとにXMLファイルで作成する

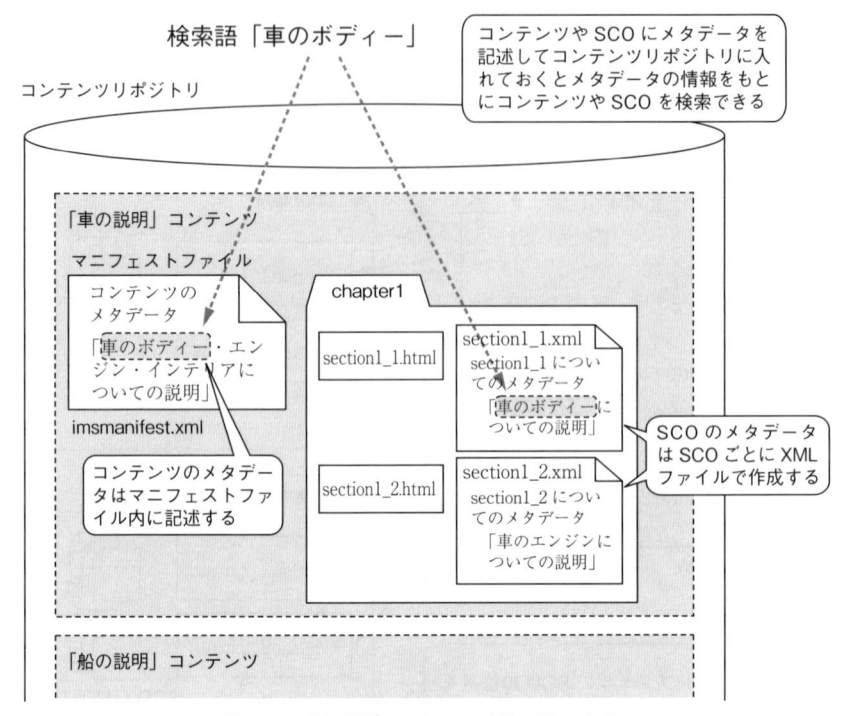

「船の説明」コンテンツ

図4.5 車のボディーについて調べたいとき

4-3-5 ランタイム環境

ランタイム環境は，コンテンツとLMSとの間の通信のやりとりの規定です。

どのようなことが，コンテンツとLMSの間でやりとりされるのでしょうか？学習者は，どのSCOの学習を終了したか，SCOの中で演習問題があった場合の得点は何点だったか，などの情報がやりとりされます。そのようなやりとりにより，LMSには学習者がコンテンツのどの部分を履修したか，演習問題の成績はどうだったか，などの学習履歴が保存されていきます。

コンテンツとLMSとの間の学習履歴のやりとりのために，ランタイム環境ではAPIとデータモデルを定めています。APIは，学習履歴をLMSに送るための指示に，データモデルは学習履歴の種類にあたります。

どのような学習履歴がやりとりされるのでしょうか。学習履歴の一例を表4.1に示します。

ランタイム環境では，API・データモデルの記述方法が規定されています。コンテンツベンダは，API・データモデルをHTMLファイル内にJavascriptなどで記述します。LMSベンダは，LMSにAPIやデータモデルで送られてくる学習履歴を受けつけ，処理する機能を開発します。

4-3-6　SCORM1.2のデータモデルのマンダトリとオプショナル

SCORM1.2のデータモデルには，オプショナルとマンダトリがあります。SCORM1.2のデータモデルにはマンダトリとオプショナルがあるということが，相互運用性の問題を混乱させていると言えるかもしれません。

マンダトリは，「義務的な」という意味がありますが，LMSはマンダトリのデータモデルの機能を持っていなければなりません。オプショナルは，その言葉のとおりに，そのデータモデルの機能を持つかどうかは自由であることを意味します。オプショナルのデータモデルの使用状況について，SCORM1.2ではレベルを設定しています。

■LMSのSCORM1.2適合性レベル
- LMS-RTE1：マンダトリのデータモデルの機能だけがあるLMS
- LMS-RTE2：マンダトリのデータモデルと一部のオプショナルのデータモデルの機能があるLMS
- LMS-RTE3：マンダトリとすべてのオプショナルのデータモデルの機能があるLMS

LMSベンダは，設計時に，どの範囲のオプショナルのデータモデルの機能を開発するかを決めます。すべてのデータモデルが扱えるようすると，どのようなSCORM1.2のコンテンツでも載せられる（運用できる）ことになりますが，開発工数がかさむことになります。

扱うデータモデルを少なくして開発工数を減らし安価なLMSにすることも考えられますが，上記のように相互運用性上の問題が生じやすくなるため，すべてのデータモデルを実装することが望ましいと言えます。

■コンテンツのSCORM1.2適合性レベル
- SCO：データモデルは使われていない
- SCO＋マンダトリ：マンダトリのデータモデルだけが使われている

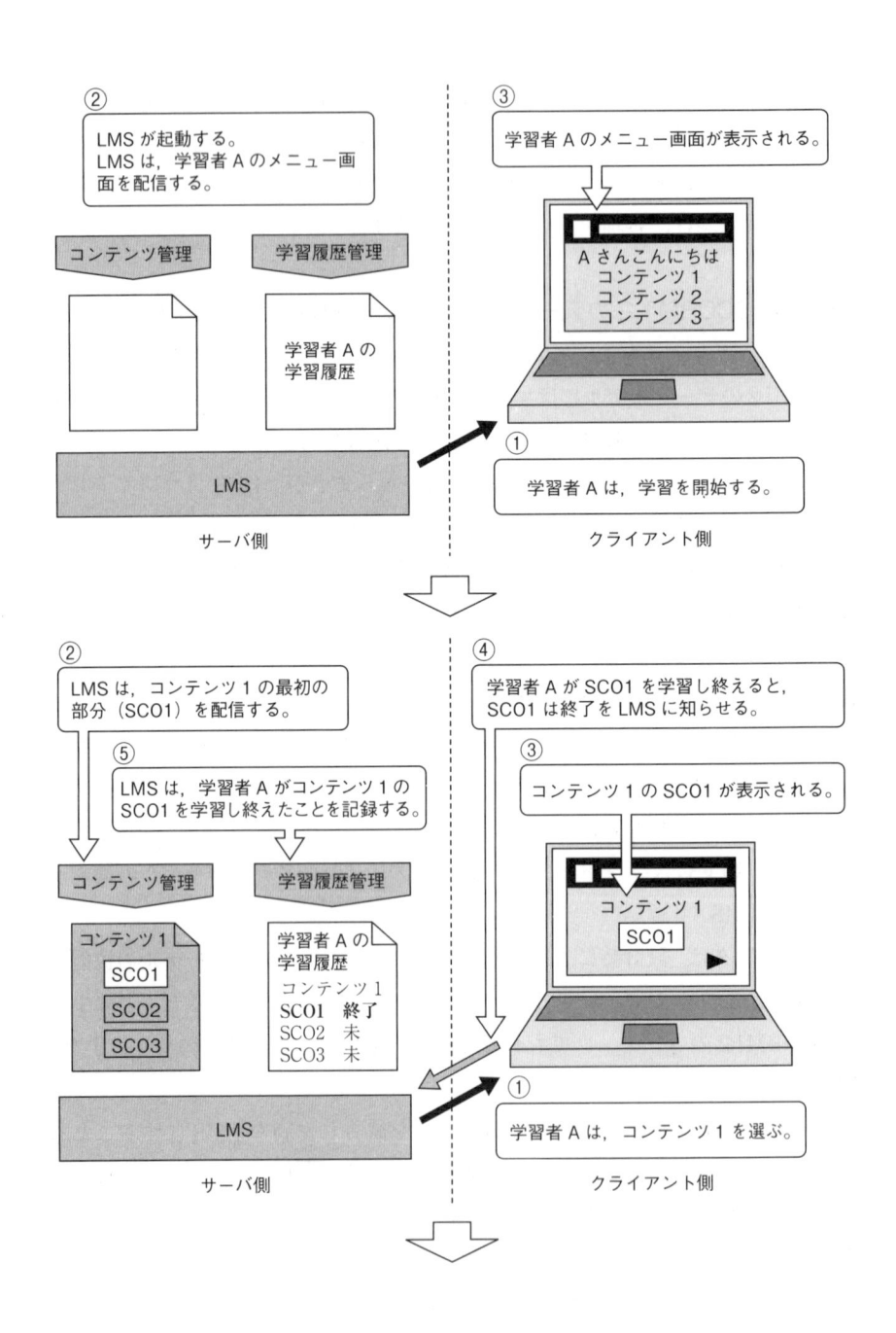

図 4.6　コンテンツと CMS との間の通信

② LMS は，SCO2 を配信する。

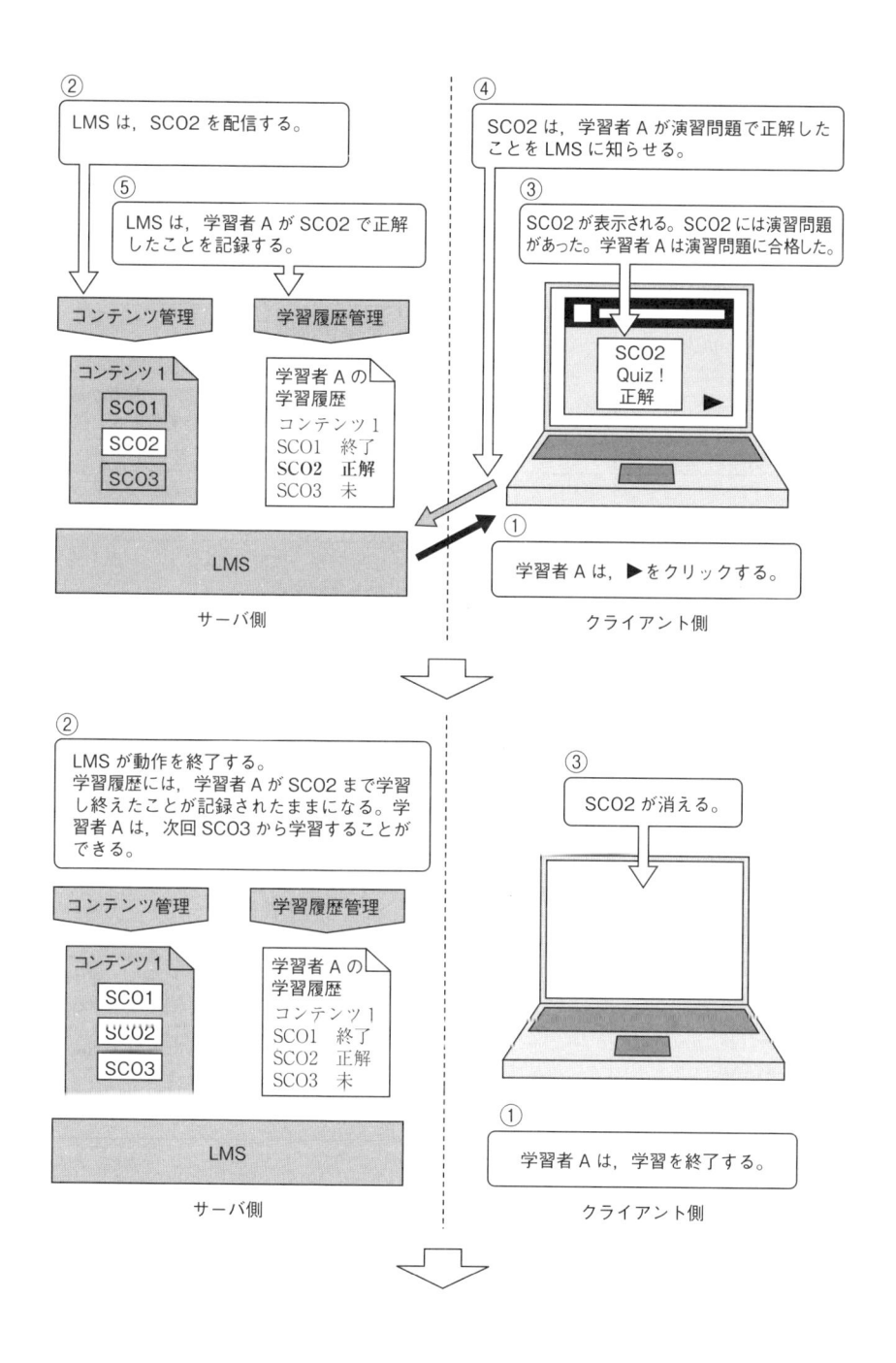

⑤ LMS は，学習者 A が SCO2 で正解したことを記録する。

④ SCO2 は，学習者 A が演習問題で正解したことを LMS に知らせる。

③ SCO2 が表示される。SCO2 には演習問題があった。学習者 A は演習問題に合格した。

コンテンツ管理

学習履歴管理

コンテンツ1
- SCO1
- SCO2
- SCO3

学習者 A の学習履歴
コンテンツ1
SCO1　終了
SCO2　正解
SCO3　未

LMS

サーバ側

SCO2
Quiz！
正解　▶

① 学習者 A は，▶をクリックする。

クライアント側

---

② LMS が動作を終了する。
学習履歴には，学習者 A が SCO2 まで学習し終えたことが記録されたままになる。学習者 A は，次回 SCO3 から学習することができる。

③ SCO2 が消える。

コンテンツ管理

学習履歴管理

コンテンツ1
- SCO1
- SCO2
- SCO3

学習者 A の学習履歴
コンテンツ1
SCO1　終了
SCO2　正解
SCO3　未

LMS

サーバ側

① 学習者 A は，学習を終了する。

クライアント側

表4.1 データモデルの一例

データモデル	マンダトリ	オプショナル	使用法
cmi.core._children	○		どの cmi.core データ要素が LMS でサポートされるかを確認する。
cmi.core.student_id	○		学習者をユニークに確認する。
cmi.core.student_name	○		学習者の氏名を確認する。
cmi.core.lesson_location	○		学習者が最後に SCO 内にいた場所を確認する。
cmi.core.credit	○		LMS システムによって，学習者が履修記録のために SCO を実行しているかどうかを確認する。
cmi.core.lesson_status	○		SCO のステータス（6つのステータス値）を，LMS へ渡す。
cmi.core.entry	○		学習者が，以前 SCO に入ったかどうかを確認する。
cmi.core.score._children	○		LMS が cmi.core.score のどの子要素をサポートしているかを確認する。
cmi.core.score.raw	○		その SCO での学習者の得点を LMS に渡す。また SCO での得点を確認する。
cmi.core.score.max		○	学習者が取得できる最高の得点を確認する。
cmi.core.score.min		○	学習者が取得する可能性がある最低の得点を確認する。
cmi.core.total_time	○		SCO での学習者のセッション蓄積時間を確認する。
cmi.core.lesson_mode		○	SCO が起動されたときの動作（browse-normal-review）を確認する。
cmi.core.exit	○		学習者が SCO を退出した理由（Time-Out-Suspend-logout）を確認する。
:			

- SCO＋オプショナル：オプショナルのデータモデルが使われている
- SCO＋マンダトリ＋オプショナル：マンダトリとオプショナルのデータモデルが使われている

表4.2 LMSとコンテンツの対応

LMS＼コンテンツ	SCO-RTE1	＋必須	＋オプション	＋必須＋オプション
LMS-RTE1	○	○	×	×
LMS-RTE2	○	○	△	△
LMS-RTE3	○	○	○	○

○：動作する
×：動作しない
△：データモデルが対応する場合動作する

■ LMSとコンテンツの対応

LMSとコンテンツの対応は表4.2のようになります。

SCORM1.2のデータモデルにはオプショナルのデータモデルがあるため、SCORM1.2適合LMSとSCORM1.2適合コンテンツ同士であっても、うまく動かないことがあります。このことが、相互運用を難しくしている原因になっています。

コンテンツベンダは、対象としているLMSがどのレベルか、またどのデータモデルが使用できるかを意識してコンテンツを制作する必要があります。

4-3-7　SCORMの規定範囲はあまり広くない

SCORM1.2では、コンテンツアグリゲーションとランタイム環境が規定されていますが、eラーニング製品開発の中で、SCORM1.2が規定している範囲は、実はあまり広くないと言えます。

LMSについては、マニフェストファイルに従ってどのようにSCOを配信するか、APIやデータモデルを介してSCOとどのように学習履歴情報をやりとりするか、というところだけが規定されています。その他の、学習者をどう管理するか、コンテンツをどう管理するか、学習履歴をどう保存するか、などのLMSが通常持つ機能については、SCORM1.2では規定していません。LMSの中には、コンテンツだけではなく集合研修や通信教育を管理する機能を持つものがあったり、複雑な組織管理にも対応できる機能を持つものがあったりしますが、それらはSCORM1.2とは関係ない機能になります。

コンテンツについては，マニフェストファイルをどう記述するか，LMS と API やデータモデルを介してどう学習履歴をやりとりするか，というところだけが規定されています。コンテンツ制作にあたっては…

- 文字だけの説明にするか画像を入れるか
- 動きのないコンテンツにするか動きを入れるか
- キャラクターイラストを使用するかしないか
- 演習問題を入れるか入れないか
- まとめを最後に付けるか付けないか
- 音声を入れるか入れないか
- ムービーを入れるか入れないか
- どれぐらいの学習時間のコンテンツにするか
- 画面のサイズはどれぐらいにするか
- どんなデザインにするか

などの要素を検討しますが，これらは SCORM1.2 の規定の範囲外のことです。それで，SCORM1.2 で規定していること以外は，自由にオリジナリティあふれる方法でコンテンツを作ることができます。

このように，LMS 開発の中でも，コンテンツ制作の中でも，SCORM1.2 が関係してくる部分はごく一部ということになります。標準化は，必ずしも e ラーニング製品のバリエーションを狭くするわけではありません。

4-4　標準化にはどんなメリットがあるの？

では，標準化にはどのようなメリットがあるのでしょうか？　ここを読むだけでも，標準化の意義や価値がわかるかもしれません。標準化にはいろいろなメリットがありますが，次の 2 つについて説明します。

- 相互運用が可能になる！
- LMS 側とコンテンツ側で開発の役割分担が明確になる

4-4-1　相互運用が可能になる！

標準化のメリットには，相互運用（互換）が可能になるということがありま

す。つまり，いろいろなLMSにいろいろなコンテンツが載せられるようになります。相互運用が可能になることには，どのような意味があるでしょうか？ビデオテープの標準規格VHSを例に，相互運用のメリットを考えてみましょう。

　最近は，DVDビデオやHDDビデオの方が一般的になっていますが，ここではビデオテープを例に考えます。例えば，ビデオレンタルショップに行って，ビデオテープを借りてくるとします。いろいろなジャンルのビデオテープが並べられていて，好きなタイトルのビデオテープを借りることができます。さて，借りるときに，借りたものが，自分の家のビデオテープデッキにセットできるだろうか，またビデオが再生できるだろうかと考えることがあるでしょうか？それはないはずです。ビデオテープは，当然自分の家のビデオテープデッキで再生できると考えます。では，いろいろなビデオテープが自分の家のビデオテープデッキで再生できるのはなぜでしょうか？　それは，ビデオテープについての規格があるからです。

　映像記録媒体としてのビデオテープが普及しはじめたときに，日本ビクターが開発したVHSとSONYが開発したベータという規格がありました。その後，VHSが普及して，VHSがデファクトスタンダードになりました。

　では，VHSではどのようなことが規定されているのでしょうか？　VHSでは，ビデオデッキ・カセット・ソフトと3つの分野のことが規定されています。そして，そのVHSに準拠して製作されたビデオデッキやビデオテープは，VHSマークが与えられて，VHS製品になります。さて，ビデオデッキとビデオテープが両方ともVHS製品だとどうなるでしょうか？　VHSのビデオデッキにはVHSのビデオテープが問題なくセットでき，再生ができます。このように，標準規格VHSがあるために，私たちは何の心配もなく，レンタルビデオショップでビデオテープを借りることができ，家のビデオデッキで再生することができます。

　また，配給元は，いろいろな映像をVHSビデオとして制作します。ユーザーにとっては，VHS規格があるために，自由にいろいろなタイトルのビデオを楽しむことができることになります。メーカーにとっても，VHSに準拠して製品を開発しておけば，ユーザーの信頼は得られているし，売ることができると

いうメリットがあります。

　eラーニングの標準規格についても同様のことが言えます。LMSとコンテンツの両方がSCORM1.2に準拠している場合，相互運用が可能です。自社に導入したLMSがSCORM1.2に適合している場合，SCORM1.2に準拠しているコンテンツならばどれでも問題なく使用することができます。自社に導入したLMSのメーカーのコンテンツでなくても，SCORM1.2適合であればどこのメーカーのコンテンツであっても買ってきて自社のLMSで使用することができます。これは，ユーザーにとって，コンテンツを選ぶ際の選択肢が増えることになります。ユーザーにとって標準規格は，歓迎されるものになるはずです。標準化は，製品のバリエーションを狭くするというよりは，ユーザーにとって製品選択の幅を広げることになります。

4-4-2　LMS側とコンテンツ側で開発の役割分担が明確になる

　以前は，LMSの機能とコンテンツが一体化した製品がよくみられました。この場合，コンテンツにあたる部分を修正しようとしても，システム全体に手を入れる必要があり，大きな工数が発生することになります。

　SCORMでは，LMSでどの機能を担当するか，コンテンツではどの機能を担当するかが明確になっています。

- LMS側で開発する機能
  コンテンツの配信
  学習者の管理
  コンテンツの管理
  学習履歴の管理
  　⋮

- コンテンツ側での制作
  説明内容（文面）作成
  画像作成
  演習問題作成
  学習履歴の送信機能作成
  　⋮

　このように，LMSではどの機能を開発するか，コンテンツではどの機能を制作するかが明確に分かれるため，開発範囲が明確になります。LMSベンダはLMSに必要な機能の開発だけをすればよいことになります。コンテンツベンダもコンテンツに必要な機能の制作だけをすることになります。必要な範囲の開

発に専念できます。

　また，コンテンツの修正が必要となった場合でも，SCORMに従ってLMSとコンテンツが別々に開発されている場合には，コンテンツだけの修正ですむことになります。

4-5　標準化なんて必要ないと無視していたらどうなる？

　標準化なんて必要ないと無視していたらどうなるでしょうか？　何も起きないこともありますが，標準化を無視していたがために，無駄が生じたり，余計にコストがかかったりということがあります。
- コンテンツ調達が難しい場合がある
- コンテンツ制作の発注先が限られる
- LMSをバージョンアップするときに既存コンテンツが使えなくなる
- コンテンツの外販が難しくなる

4-5-1　コンテンツ調達が難しい場合がある

　コンテンツホルダー（コンテンツ保持会社）は，さまざまな優良な内容のコンテンツを提供しています。コンテンツホルダーは，自社内のLMSにコンテンツを載せておき，そこにアクセスしてもらう形でコンテンツを提供することもあれば（ASP方式），企業ユーザーのLMSに載せる形でコンテンツを提供することがあります（イントラ方式）。企業ユーザーは，後者の形で販売されているコンテンツを買ってきて，自社のLMSに載せることができます。さて，買ってきたコンテンツはうまく自社内のLMSに載せることができるでしょうか？ LMSもコンテンツもSCORM適合であればうまく載せることができます。もし，自社内のLMSがSCORM適合でない場合は，コンテンツホルダーが販売しているコンテンツを買ってきてもうまく載せられない可能性が高くなります。

　このように，さまざまなコンテンツホルダーからコンテンツを調達することが考えられる場合は，自社内のLMSをSCORM適合にしておくと有利です。

4-5-2　コンテンツ制作の発注先が限られる

　企業ユーザーが，SCORM適合でないLMSを自社内に調達したとします。多くのLMSにはコンテンツを制作するためのオーサリング機能が付いています。コンテンツを制作する場合，そのオーサリング機能を使用してコンテンツの基本的な部分を作成し，そのほか演出を加えていくことでコンテンツを完成させていきます。この場合，LMSのオーサリング機能を使用することが基本になるため，そのオーサリング機能を持っている会社がコンテンツを作成できるということになります。そうすると，自社かそのLMSを開発しているベンダかがコンテンツを作成できるということになります。

　すぐれたコンテンツを作成できるコンテンツベンダは多くありますが，そのベンダに自社のLMSのオーサリング機能と同じオーサリング機能がない場合には，そのベンダはコンテンツが作れないことになります。このように，自社のLMSをSCORM適合にしておかないと，コンテンツ制作の発注先が限られることになります。

　一方，自社にSCORM適合のLMSを導入しておくと，コンテンツベンダに対しては，「SCORMでコンテンツを作って」と依頼するだけで，自社のLMSに載せられるコンテンツを作ってもらえます。このように，いろいろなコンテンツベンダに仕事を依頼することができるようになります。

4-5-3　LMSをバージョンアップするときに既存コンテンツが使えなくなる

　さまざまなLMSが機能強化のためにバージョンアップしています。通常，LMSベンダは上位互換ができる形で，バージョンアップします。つまり，以前のLMSに載せられていたコンテンツも載せられるように新しいバージョンのLMSを開発します。

　では，以前に導入したLMSを別のLMSベンダのLMSに乗り換えようとする場合，どのようなことが生じるでしょうか。通常，あるLMSに載せていたコンテンツを，別のLMSベンダのLMSに持ってきてもうまく載せることができません。

　しかし，以前のLMSも新しく導入するLMSもSCORM適合である場合には，前のLMSに載せていたコンテンツを新しいLMSに載せても問題なく運用

することができます。

4-5-4　コンテンツの外販が難しくなる

　例えば，ユーザーは自社でコンテンツのラインナップを増やしていったとします。自社内の制作部隊でコンテンツを制作することもあれば，コンテンツベンダに依頼してコンテンツを作らせることもあると思います。いずれにしても，コンテンツのラインナップが増えてきました。そこで，できあがった多くのコンテンツを自社内だけで使うのはもったいないと考え，それを他社にも売ろうということになります。そのようなときに，LMSやコンテンツをSCORM適合にしなかった場合は，どのようなことが生じるでしょうか？　コンテンツを販売先のLMSに載せようとしても，うまく載せることができません。コンテンツを販売先のLMSに載せられるように改修することが必要です。一方，コンテンツをSCORM適合にしておくと，SCORM適合のLMSを持っている会社にはそのままの形でコンテンツを売ることができます。

　このように，自社コンテンツを外販する可能性がある場合には，SCORM適合にしておくと有利です。

4-6　標準化を導入した方がよい場合と導入しなくてもよい場合

　前述をもとに，標準化を導入した方がよい場合と，導入しなくてもよい場合を分類してみます。

　以下の場合は，自社のLMS・コンテンツをSCORM適合にしておいた方がよいでしょう。

- さまざまなコンテンツホルダーからコンテンツを購入する可能性がある
- さまざまなコンテンツ制作ベンダにコンテンツの制作を依頼する可能性がある
- 違うベンダのLMSに入れ替える可能性がある
- 自社コンテンツを外販する可能性がある

　以下の場合は，自社のLMS・コンテンツをSCORM適合にしておかなくてもよいということになります。

- コンテンツは自社内で作成する，または限られたコンテンツ制作ベンダに制作を依頼する
- LMSをバージョンアップするとしても同じLMSベンダのLMSを選ぶ
- 自社コンテンツは自社内だけで使用する

4-7 標準化普及のために

4-7-1 eLC標準化推進委員会

　eLCでは，eラーニング普及のためにいろいろな活動をしていますが，その中で標準化推進の活動をしているのは標準化推進委員会です。どんな人が標準化推進委員会のメンバーになっているでしょうか？　eLCのほかの委員会もそうですが，eLCに加入している団体の人々が標準化推進委員会の委員になっています。多くは，LMSベンダの技術者やコンテンツベンダの技術者です。後述する，SCORMアセッサの資格を持った人が，多く参加しています。eLCは，特定非営利活動法人（NPO）であるため，それらの人たちはボランティアで標準化推進委員会の活動に参加しています。「標準化推進がeラーニング製品の相互運用や普及に役立つ！」との期待や希望を持って，活動に参加しています。

4-7-2 標準化推進のために

　eLC標準化推進委員会では，どのような活動をしているのでしょうか？　大きく分けると以下の活動をしています。
- SCORM関連のドキュメントの準備
- SCORM関連の勉強会の開催
- SCORM適合製品の認証制度の運用

　まず，SCORM関連のドキュメントの準備についてですが，SCORM規格の仕様書はADLによって提供されています。しかし，英語で提供されているため，そのままでは日本人の技術者が読むのは難しいので，標準化推進委員会では，SCORMの仕様書を日本語化（翻訳）しています。SCORM1.2の日本語化した仕様書は，eLCサイトからダウンロードすることができます。現在，SCORM2004の仕様書の日本語化作業が進められています。

SCORM関連のドキュメントといえば，後述するSCORMアセッサ講習会のテキスト作成にあたっても，eLC標準化推進委員会は情報提供をしました。

　さらに，SCORM関連のドキュメントとして，AEN（Asia e-Learning Network，アジアeラーニングネットワーク）でも数種のドキュメントが作成されています。AENは，経済産業省の支援でアジアにeラーニングを普及していくという活動を2005年度まで行っていました。AENのWebサイトでは，SCORMを理解するための各種のドキュメントをみることができます。eLC標準化推進委員会のメンバーもこの活動に参加しました。

　また，eLC標準化推進委員会では，SCORM関連の勉強会を開催しています。年に2回開催されているe-Learning Conferenceやe-Learning WORLDなどで，SCORMについての講義をしています。

4-7-3　認証制度

　eLC標準化推進委員会は，SCORM製品の認証制度を運用しています。認証制度というのは，eラーニング製品がSCORMに適合しているかどうかを確認し，適合しているということがわかった場合に，その製品をeLCがSCORM適合製品として認めるという活動です。認証制度の構成は次のとおりです。

- LMS関連
  eLCによって認証された製品　→　SCORM適合LMS
- コンテンツ関連
  eLCによって認証された人　→　SCORMアセッサ
  eLCによって認証された製品　→　SCORM適合コンテンツ

　LMS関連では1種類の認証，コンテンツ関連では「人」と「製品」という2種類の認証があります。

　世の中には，SCORM適合をうたっている製品がいろいろありますが，中にはSCORMに適合しているとはいえない製品もあり，eLCは製品が本当にSCORM適合しているかどうかを確認して認証するという活動をしています。

　では，認証制度の目的は何でしょうか？　製品を認証する，ということ自体が目的ではありません。認証の目的は，相互運用性の向上です。LMSがSCORMに適合していて，コンテンツがSCORM適合している場合，これらのLMSと

コンテンツは相互運用ができることになります．認証制度を通して，SCORM適合の製品が増えてきて，多くのeラーニング製品の相互運用性が向上していくことが，認証の目的です．

4-7-4　どうやって認証するか？

　基本的には，ADLが提供している試験ツールTest Suite（SCORM1.2適合を試験するツールはTest Suite v1.2.7）にeラーニング製品をかけてみて，エラーがでなければSCORM適合ということになります．ただし，Test Suite v1.2.7は，日本語のようなマルチバイトに十分対応していないため，日本語ベースの製品でも試験ができるよう，Test Suite v1.2.7にアタッチするモジュールが開発されています．このTest Suite v1.2.7とモジュールで試験をして，エラーがでなければSCORM適合になります．

　LMS製品の場合は，LMSベンダがeLC内に製品を持ち込み，eLCの試験官の前でLMSを試験ツールにかけます．Test Suite v1.2.7は，LMSがSCORM適合している場合「Conformant（適合）」を表示し，適合していない場合「Non-Conformant（不適合）」を表示します．試験官は試験の結果を確認し，「Conformant」が出ていればSCORM適合とみなします．

　現在，Test Suite v1.2.7とモジュールの試験で「Conformant」が出て，eLCによって認証されているLMSは，14製品です（2006年12月）．

4-7-5　コンテンツ認証制度

　コンテンツの場合は，LMSとは違うステップでの認証をしています．

①eLCは，コンテンツがSCORM適合になっているかどうかを試験するSCORMアセッサを育成する．SCORMアセッサ講習会を開催し，講習会の最後の修了試験にパスした人がSCORMアセッサになる．

②SCORMアセッサは，自社でコンテンツが制作されていく中で，コンテンツをTest Suiteにかけ，「Conformant」が出ること確認する．

③Test Suiteは，試験結果のログを出力するため，SCORMアセッサは「Conformant」が出ているログを添付して，eLCにコンテンツの認証申請をする．

④eLC は，提出されたログで「Conformant」が出ていることを確認し，そのコンテンツを SCORM 適合コンテンツとして認証する。

このように，SCORM アセッサの認証と，SCORM アセッサが試験したコンテンツの認証と，2つの認証を eLC は行っています。

LMS 認証では，LMS を eLC に持ち込んでもらうという方法で認証が行われていますが，コンテンツ認証ではなぜこのようなステップでの認証をしているのでしょうか？

ひとつの理由は，eLC 内での認証作業を簡易にするためでした。LMS に比べ，コンテンツは多くの本数が作られることになりますが，その試験をすべて eLC 内で行うと，大変な工数が必要になります。それで，SCORM 適合を正しく評価できるコンテンツベンダ内の技術者をアセッサとして認証し，アセッサが試験をしてその結果を eLC に報告する，という制度が運用されています。

別の理由として，コンテンツベンダの技術者と LMS ベンダの技術者との間で，情報交換の場が必要だった，という点がありました。相互運用性の向上のためには，SCORM で規定されている範囲外の情報も必要です。しかし以前は，コンテンツベンダの技術者は，LMS についての情報を得るルートを持っていませんでした。このコンテンツ認証制度では，SCORM アセッサからの質問に対応する担当者を，LMS ベンダ側に置くことが求められていて，その担当者から SCORM アセッサは相互運用を可能にするための必要な情報を得ることができるようになっています。

現在，SCORM アセッサとして認証されている人は 68 人で，認証されている SCORM 適合コンテンツは 25 本です（2006 年 12 月）。

4-7-6 認証制度のメリット

基本的には認証制度をとおして，e ラーニング製品の標準化を推進し，そのことによって相互運用性を向上するということがメリットになります。

SCORM1.2 というバージョンの規格は，前述したように対応のレベルがあって，レベルがあった製品同士で相互運用ができます。認証された個々の製品のレベルはどうなっているのでしょうか？ eLC では製品を認証する際に，その製品の SCORM の対応レベルを公表することを義務にしています。eLC サイト

の製品検索コーナーをみていくと，認証された製品がどのレベルに対応しているかがわかります。

ユーザーはそれをみて，例えば自社に導入している LMS の対応レベルが何で，そこに載せられるコンテンツはどれか，ということを確認することができます。

さて，認証された製品同士は，本当に相互運用が可能なのでしょうか？ eLC では，2005 年度と 2006 年度に，認証された製品を集めて，認証製品同士で相互運用が可能か否かの実験をしました。2005 年度の結果は表 4.3 のとおりです。結果を見てみると，一部形式の簡易な変更が必要でしたが，それ以外は○（問題なし）という結果になりました。認証製品同士ならば，相互運用は可能である！ということが証明されました。

4-8　新しい標準化規格はこんなにいい！

SCORM2004 というバージョンの規格が ADL よりリリースされていて，2006 年 12 月に 3rd.Edition というバージョンがリリースされています。

SCORM1.2 の概要・ランタイム環境・コンテンツアグリゲーションにも変更が加えられていますが，SCORM2004 の大きな特徴は，その 3 冊に「シーケンシング & ナビゲーション」が追加されたことです。

シーケンシングですが，SCORM1.2 では，どちらかというと一方向のコンテンツしか作れませんでしたが，SCORM1.2 ではシーケンシング（学習の流れ）を制御できます。例えば，最初にプレテストをして，問題のあったところだけを学習する，というコンテンツも作成可能なのです。学習者の知識レベルに応じて，学習の流れを変える，というコンテンツを作成することができます。

ナビゲーションですが，SCORM1.2 では，LMS 側で SCO 間の移動のボタンを持っていました。LMS の移動ボタンとコンテンツの移動ボタンがあって学習者は混乱することがありました。また，LMS の移動ボタンの画面内での位置もまちまちでした。SCORM2004 ではコンテンツ側にすべてのボタンを配置することができます。統一した画面レイアウトでコンテンツを表示することができます。

表 4.3 認証 LMS／コンテンツ相互運用性実験結果（2005 年 6 月 24 日～7 月 8 日）

LMS		コンテンツ	対人コミュニケーション：効果的なコミュニケーション 富士通ラーニングメディア	エコロジー基礎講座 I —環境問題と持続可能性— 富士通ラーニングメディア	「ビジネスマナー」コース 産業能率大学	4択テスト問題サンプル版 by インストラクショナーカー エスエイティーイー
HIPLUS on Web	V8	日立電子サービス		○	○	—※1
Cultiiva II	V1.6	日本電気	○	○	○※2	○
Cultiiva Enterprise Powered by SumTotal	V6	日本電気	○	○		○
AcademicWare WBT	V2	コンパック	—※1	○	○	—※1
eARTH-LMS	1.0	ウィルソン・ラーニング ワールドワイド	○	○	○	
MSTeLMS	2.0	レックウェル	○	○	○	○
Challenge Learning System	2	空	○	○	○	○
Let's learning	1	松下電器産業	○	○	○	○
Internet Navigware Server Enterprise Edition	8	富士通	○	○	○※2	○

※1：当該 LMS 非対応のオプション項目をコンテンツで使用しているためテスト未実施
※2：マニフェストファイルのファイル形式の変更が必要

図 4.7　SCORM1.2 と SCORM2004 の流れの違い

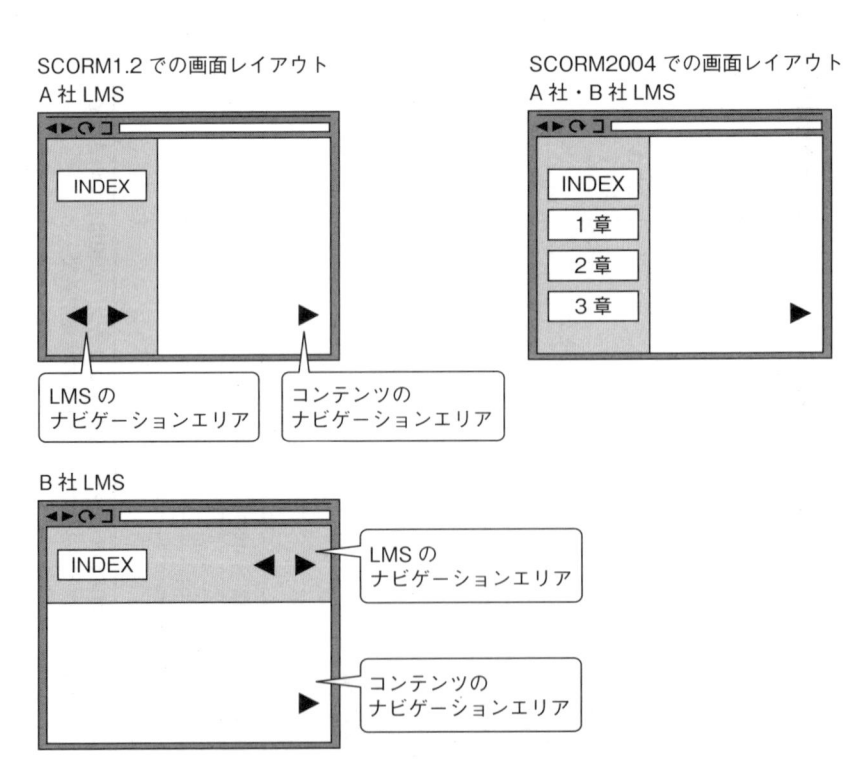

図 4.8　SCORM1.2 と SCORM2004 の画面レイアウトの違い

4-9 今後の,eLC 標準化推進委員会の活動

　SCORM2004 をもとに製品を開発することで,学習効果が高くまた学習者にとって使いやすい e ラーニングを提供することができるために,今後 eLC 標準化推進委員会では SCORM2004 推進の活動をしていきます。SCORM2004 仕様書（英語）の日本語化,SCORM2004 関連の解説書の作成,講習会の実施,SCORM2004 認証制度の運用,などの活動をしていきます。これにより,ユーザーからの支持をより得ることができる e ラーニングを普及していく活動を展開していきます。

5章 今後のeラーニング動向

　この章では、今後のeラーニングの動向を解説します。テクノロジー的な動向ではなく、企業における学習の位置づけからみて、学習のひとつのシーンとして今後のeラーニングが進むべき方向を示したいと思います。

5-1 はじめに

　この節では、企業内における学習をふり返り学習の役割を再認識して、今後のeラーニング動向の前提を考えます。

5-1-1 勉強と学習

　「勉強しなさい！」、この言葉を何回聞いたことでしょうか。二言目には「勉強しなさい！」。もういやですよね、勉強なんて。そう思っていても、会社で好成績を収め、出世するためには勉強が必要です。そして、会社を好業績に持っていくには、経営者としてなんとなく納得いかないところもありますが、就業時間中に従業員に勉強の時間を与えることが必要なんだ、と思っていませんか。
　どうも勉強というと暗いイメージがつきまといます。いやなことを勉めて強いるから勉強。では、学んで習う、学習という言葉を使いましょう。少しは希望が持てるのではないでしょうか。
　企業内において従業員や経営者が何らかのことを学ぶ、コンピュータで、インターネットで行う、それがeラーニングです。今後のeラーニング動向を見通すとすれば、それは必然的に学習とは何か？　何をどう学習するのかといった原点に立ち返る必要があります。

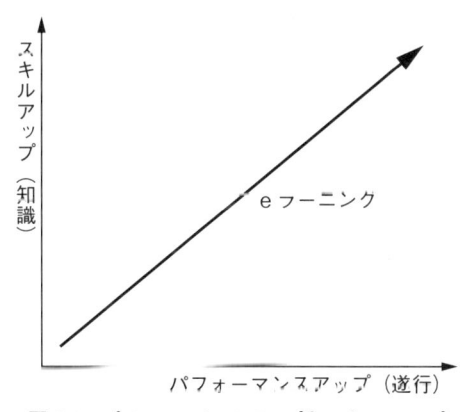

5-1-2　パフォーマンスアップとスキルアップ

　さてここで論じるのは企業内の学習です。ですから，端的に言えば企業の業績が上がる，あるいは将来的に上がる可能性を秘めたものでなくてはなりません。企業内学習の大前提は，企業の業績に直接，間接の別はあるとしても寄与するものであること，です。eラーニングを提供する側の企業としては「パフォーマンスアップのためのeラーニング」の提供を目指すことになります。

　一方，学習者である従業員は，「将来は，この会社にいないかもしれない，昇進に役立つ技術や考え方を身に付けたい」と考えるかもしれませんね。これを「スキルアップのためのeラーニング」と呼ぶことにしましょう。

　いずれに重きをおくかは難しい問題です。企業がお金を出す以上は，7:3でパフォーマンスアップのためのeラーニングに重きをおいて考えるべきではないでしょうか。

　ここでは，「パフォーマンスアップのためのeラーニング」という観点から論を進めることにします。

図5.1　パフォーマンスアップとスキルアップ

5-1-3　情報と知識

　企業がそのパフォーマンスのアップを図るときに，経営者に，従業員に，そして仕入先や顧客に提供し，学習してもらわなければならないものに「情報」と「知識」があります。

　この区別をしっかりと持つことが企業内学習をeラーニングで実現するとき

に大切になります。

「札幌の2月の平均気温は0度」，これは理科年表に出ているかもしれない「データ」です。でもその季節に東京から札幌へ出張する人には「そうか，0度じゃ相当寒いな」と「情報」になります。次に私たちは札幌への出張経験のある人，札幌出身の人に相談します。すると「毛糸で編んだ帽子を持っていった方がいいですよ」という答えが返ってきます。これが「知識」ということです。

私たちがeラーニングにより経営者や従業員に学習してもらいたいものは「知識」です。

少し飛躍しますが，「C言語には構造体へのポインタがある」これはデータです。「C言語の構造体のポインタを使うとこれが解決できる」これは情報です。「このような問題を解決するにはC言語の構造体のしかもポインタを使います」これが知識で経験者しか伝えることができません。eラーニングで学習すべきは知識です。しかも問題解決型の知識ではないでしょうか。

> **eラーニングの動向その1：問題解決型になる**
> これからのeラーニングは問題解決型になる。教科書的な知識の階梯（かいてい）的取得より，よりパフォーマンスに直結する問題解決型になる。これらは教科書にない知識といえる。

5-1-4 「教科書にある知識」と「教科書にない知識」

さて，企業が学ぶべき，すなわちパフォーマンスに直結する知識はどこにあるのでしょうか。ここをしっかりとおさえないと，eラーニングが無駄な投資になってしまいます。ポイントは，パフォーマンスに直結する知識は「教科書にない知識」，ということです。企業が必要とする知識には2つあります。ひとつは「教科書にある知識」で，もうひとつは「教科書にない知識」です。

もちろん，パフォーマンスに直結する知識（教科書にない知識）は，一般的な知識（教科書にある知識）が前提ですから，まずは「教科書」を学ぶことになります。ただし，教科書を「eラーニング」で学ぶ必要があるか，学ばせる必要があるか，学ぶのがベストか，ということは考えなくてはならない問題です。

例えば Java を習得するのに，e ラーニングの「Java ベーシックコース」を受ける／受けさせるか，同じ内容の本を読む／読ませるか，の問題です。本の方がまさに「いつでもどこでも読める」，「繰り返し参照できる」うえ「安い」からという理由で本を選ぶのも一理あることです。

一方，学習者と学習の進度管理，成績管理，疑問点の解決など，e ラーニングの方がすぐれているという声も聞こえてきます。学習は管理されたときに「勉強」になりはしないか，あのいやで仕方なかった学校のイメージをそのままに持ち込んでよいのだろうか。学習管理については本章の最後で触れることにします。

さて学習すべきパフォーマンスに直結する知識，すなわち「教科書にない知識」はどこにあるのでしょうか。

---

e ラーニングの動向その 2：教科書にない知識

これからの e ラーニングは，教科書にない知識の学習に使われる。ナレッジマネジメントとの融合が必要だ。

5-2　ナレッジワーカーと学習

この節では，今後の企業の中で中心的な役割を演じるナレッジワーカーを定義し，そのスタイルに応じた学習形態を見直します。

5-2-1　ナレッジワーカー

企業がパフォーマンスをアップするためには，経営者なり従業員なりがそれぞれのワークスタイルの中で，それぞれに必要とされる事項を学習する必要があります。個々人の持つ知識が企業の明日を決めているといっても過言ではありません。難解な商品を売るセールスパーソンも，複数人でひとつのものを作り上げていく仲間たちも，臨機応変に顧客からのクレームに対応するサポートの人たちも，マーケット情報をフィールドエンジニアに流しその反応を吸収する人たちも。ここでは知識を活かして働く人たちをナレッジワーカーと呼ぶこ

```
                チームで活動
                    ↑
比  │   統合型  │  協同型   │即
較  │          │          │効
的  │          │          │的
ル ←──────────┼──────────→な
ー  │          │          │仕
チ  │  取引型  │  専門家型 │事
ン  │          │          │
に  │          │          │
近  │          │          │
い          ↓
         個人で活動
```

図 5.2　ナレッジワーカーのタイプ

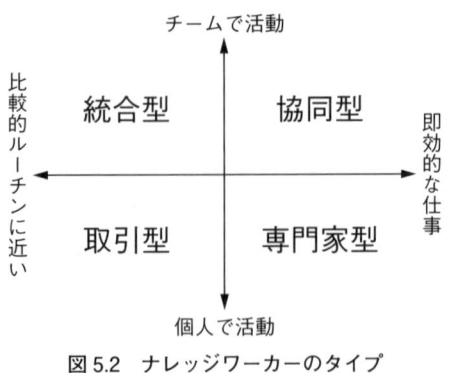

とにします。

　トーマス・H・ダベンポートが著した『ナレッジワーカー』（ランダムハウス講談社）によれば，ナレッジワーカーには図 5.2 のような 4 つのタイプがあります。

5-2-2　コミュニティ・オブ・プラクティス

　さて，こうしたナレッジワーカーがパフォーマンスをアップするための知識は文字どおり教科書にはない知識であって，社内で継続的に蓄積し更新されるいわゆるナレッジリポジトリ（知識の倉庫）から取り出す必要があります。e ラーニングの前にナレッジリポジトリを作成することが必須だと考えられます。伝えるべき知識の整理と更新がなければ，学習には至らないのではないでしょうか。

　従来の e ラーニングのコンテンツ開発で出てくる用語に「SME（Subject Matter Experts）」があります。コンテンツの開発にその道の専門家を参画させるという考えです。しかし，現在の細分化され，専門性の増した中で，ひとりまたは数人の SME の協力で企業の将来を担う学習コンテンツができるとは思えません。専門家の集団としてのコミュニティを形成し，その中での学習の位置づけを考える必要があるでしょう。

　エティエンヌ・ウェンガーが著した『コミュニティ・オブ・プラクティス』（翔泳社）では，コミュニティの大切さが説かれています。その本の定義によれ

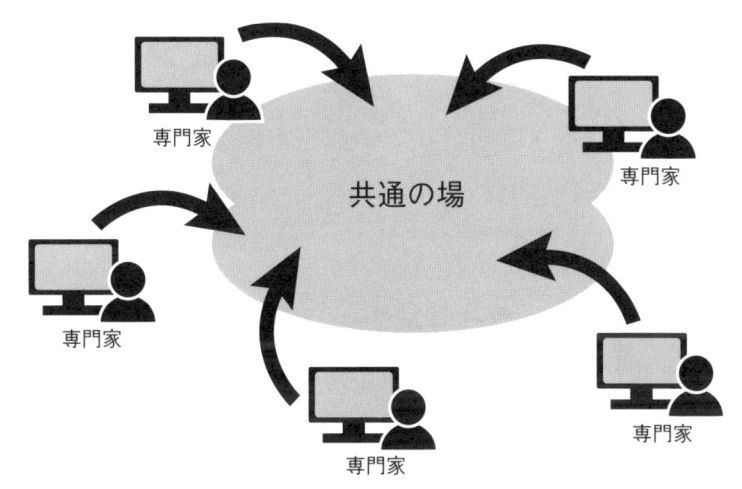

図 5.3　コミュニティ・オブ・プラクティス

ば，「実践的コミュニティ（コミュニティ・オブ・プラクティス）とは，あるテーマに関する関心や問題，熱意を共有し，その分野の知識や技能を，持続的な相互交流を通じて深めていく人々の集団である」となります。

　このコミュニティ・オブ・プラクティスに参画することが真の学習ではないでしょうか。そして，このコミュニティ・オブ・プラクティスがeラーニングのコンテンツの源，すなわちナレッジリポジトリを作成する継続的な，構造的な仕組みとして企業に要求されるでしょう。

　しかし，知識がなくては個々に参画できない矛盾をはらんでいます。ではどうするのでしょうか。

---

eラーニングの動向その3：コミュニティ・オブ・プラクティス
　これからのeラーニングは，その形態としても，その作成を担う主体としてもコミュニティ・オブ・プラクティスが必要だ。

5-2-3　ナレッジマネジメントとeラーニング

　ナレッジワーカーたちが構成するコミュニティ・オブ・プラクティスの活動

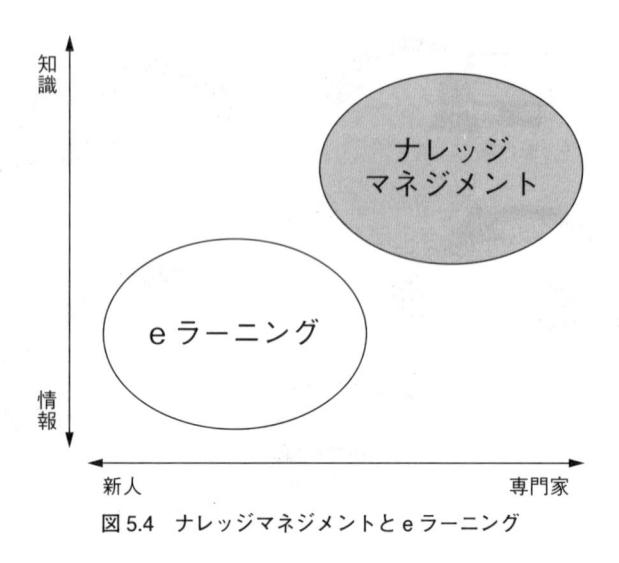

図 5.4　ナレッジマネジメントと e ラーニング

記録，それが企業のナレッジリポジトリになります。いかにして，その活動記録を次世代に引き継ぎ，そして学習すべき知識の宝庫にするかがナレッジマネジメントの仕事といえます。ナレッジマネジメントが学習すべき知識を集め，それを e ラーニング化することが今後の動向といえます。そのナレッジの源泉はコミュニティ・オブ・プラクティスにあります。

---

e ラーニングの動向その 4：ナレッジマネジメントとの融合
　これからの e ラーニングは，ナレッジマネジメントと融合する。

5-3　ナレッジマネジメントと e ラーニング

　この節では，ナレッジマネジメントと e ラーニングの融合について論じます。これらをつなぐ部材としてコンテキストとコラボレーションがあることを示します。

5-3-1 コンテンツとコンテキスト

これからは，ナレッジマネジメントがeラーニング化すべき知識の源泉を提供します。その提供としてコンテンツとコンテキストを考えることができます。

コンテンツとは，その成果をまとめたドキュメントのことです。一方，コンテキストとは，どうしてこうなったかの経緯（臨場感）を伝えるものをいいます。

従来ナレッジマネジメントは，そしてeラーニングもコンテンツを重んじる傾向にありました。経緯を昇華して普遍の知識（と考えられる）を重視してきました。なぜなら，経緯を後から書くことは多大な努力を専門家に強いることになるからです。

成果を知ることは簡単です。しかしそれでは発展は期待できません。電子や中性子のほかに中間子があることは教科書で知ることができますが，その発見の経緯を理解しないと（だから私たちにはできないのですが）新しい「○○子」は発見できません。

---

eラーニングの動向その5：コンテンツとコンテキスト

これからのeラーニングは，コンテンツだけでなくコンテキストを学ぶように仕向けなくてはならない。

5-3-2 コラボレーションツール

コンテンツとコンテキストをコミュニティの中で作成し，それを企業のナレッジリポジトリにすることを考えましょう。

時代はWeb2.0です。このことがナレッジマネジメントとeラーニングを大きく変えることになります。コンテンツとコンテキストの作成はコミュニティの中で行われるべきだと言いましたが，コミュニティの中でコンテンツとコンテキストを残すことに適したツールが，それぞれWiki（ウィキ）とBlog（ブログ）です。これらはWeb2.0の寵児といえます。

Wikiを通じてコンテンツの作成に参加すること自体がすばらしい学習です。Blogを通じて経緯を報告し，他人の経緯や意見を見聞きすることもすばらしい

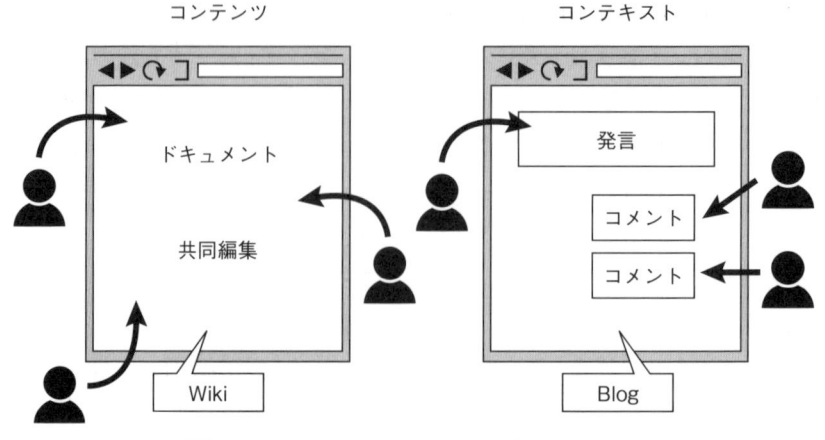

図 5.5　コンテンツ＝ Wiki，コンテキスト＝ Blog

学習です。

---

e ラーニングの動向その 6：コラボレーションツール，Wiki と Blog

　これからの e ラーニングには，その作成過程のみならず学習自体に Wiki や Blog といったコラボレーションツールが使われる。

● Wiki

　Wiki といって思い出すのは百科事典をみんなで作っていく Wiki ペディアでしょう。社内でみんなが参画して用語集を Wiki で作成する。これも立派な学習です。

　この用語集が e ラーニングの教材になったとき，そして e ラーニングが始まってもなお書き換えが頻繁に行われる，すなわち継続的にコンテンツが改訂されるとき，その企業はラーニングオーガニゼーションと呼ばれるでしょう。

　ラーニングオーガニゼーションについては，ピーター・M・センゲの『最強組織の法則―新時代のチームワークとは何か―』（徳間書店）に詳しく書かれています。

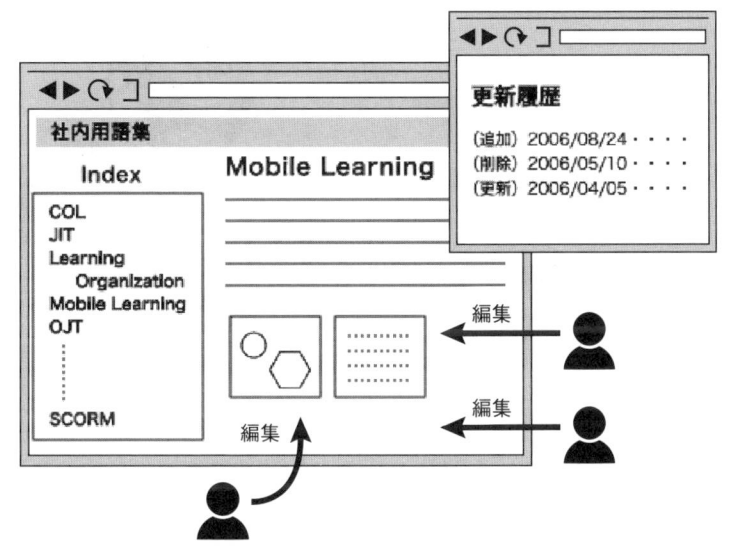

図5.6　Wikiで作成する社内用語集とeラーニング

- Blog

　Blogというと社長ブログを思い出す人が多いでしょう。あるいは個々の従業員にBlogを与えている企業も見受けられます。Blogは個人の意見の発信だけでなく，双方向のホームページとして「公開討論場所」的な機能があります。

　大学ではすでにBlogを教育に使っています。先生が課題をブログに投げ，生徒はほかの生徒の前でコメントとして自分の意見を表明する。すでに発表された意見の補足をする生徒もいれば，反論する生徒もいます。これは，いわゆる問題解決型，あるいはプロジェクトベース型のeラーニングの一種と言えます。

　企業内におけるコラボレーションをメールからBlogに変更することで，業務の「みえる化」が促進し，OJTに代わる，あるいはサポート事例の自動的な蓄積と学習になるという評価を得ている企業もあります。

- 検索エンジン

　社内に蓄積された知識は高速で，しかもインテリジェントな検索エンジンで検索する時代になったと言えます。インターネット上の膨大な知識を検索し，その要約を表示し，ランキングし，関連をも示す検索エンジンが社内のナレッ

図 5.7　検索エンジン

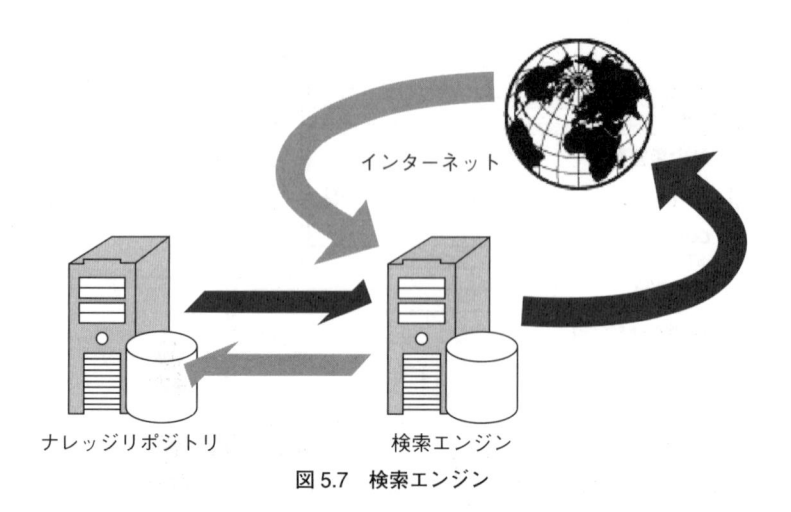

ジリポジトリにも適用できます。

　ジャストインタイムに業務遂行に必要な知識を提供することの責務は，eラーニングやパフォーマンスサポートシステムの責務ではなく，検索エンジンの責務に変わりつつあります。

　検索する対象としてのナレッジリポジトリを限定的に構築し，常に更新することにより，まさに必要な情報を必要な人に必要なときに提供できるようになり，パフォーマンスアップのための知識は適切に提供されることになります。

---

e ラーニングの動向その 7：検索エンジン
　パフォーマンスアップのための知識とその学習に，検索エンジンが大きな役割を果たす。

5-4　学習管理と ROI

　この節では学習管理とチーム学習について論じます。

5-4-1 管理型学習と非管理型学習

　企業としての倫理に関する教育などでは，全員が等しく理解をして，等しく実行しない限り，目的を達成しません。ということはテストなどによりその成果を確認し，理解していないものに対する指導を行う必要があります。やはり，理解の程度が低いものを見出して補強するためには学習管理が必要と言わざるをえません。学習管理は，企業全体の力をアップするための補強と位置づけて限定的に行う必要があります。

> eラーニングの動向その8：管理型学習と非管理型学習
> 　これからのeラーニングには学習効果をテストなどで測定する管理型学習と学習効果をパフォーマンスのアップで測る非管理型学習に分かれる。

5-4-2 チーム学習とPBL

　eラーニングの動向として，最後にチーム学習について触れておきましょう。個人の力で企業が動く時代は終わったと言えます。多くの仕事が，インターネットを通じて地域をまたがった複数の人たちのコラボレーションで行われる時

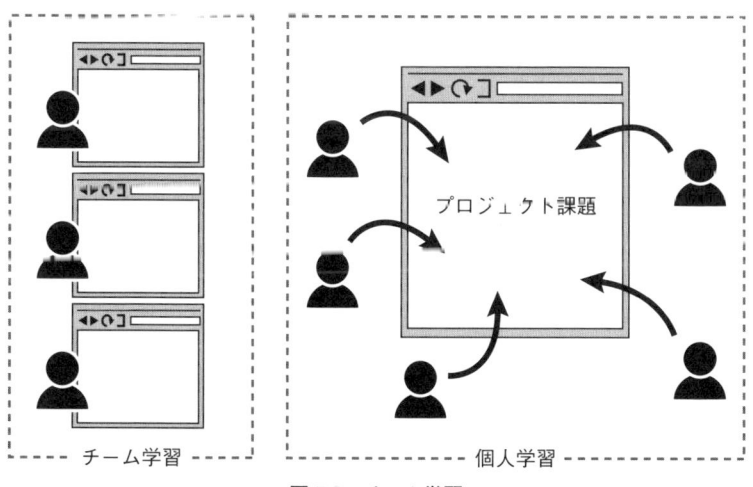

図 5.8　チーム学習

代です。そこでは，チーム全体の力を出すための学習が必要ではないでしょうか。個人ではなくチームが学習する時代が来たと言っても過言ではありません。

　ネットワーク技術の発展のおかげで，子供はネットワークでゲームをすることができます。大人たちには，この応用としてネットワークを通じてひとつの問題点を解決していくシミュレーション型の学習が行われるべきでしょう。そこでは，問題点を解決するための訓練が行われます。PBL（Problem Based Learning）を世界規模で企画運営するeラーニングがあってもよいのではないでしょうか。現実にPBLをスタートするのであれば，Webを使ったセミナーツールの活用が考えられます。

---

eラーニングの動向その9：チーム学習

　これからのeラーニングには，ネットワークを通じたシミュレーションなどを用いたチーム学習が必要だろう。

座談会 2

ユーザー企業がホンネで語る

下山（司会進行：eLC活用事例委員会委員長，株式会社人財ラボ）
　eラーニングは企業に普及し，社員研修，人材育成から業務の効率化，パフォーマンスの向上などさまざまな場面で活用され，今や，eラーニングシステム，LMSなしでは業務が進まないほどになっています。eラーニングシステムやLMSを統合発展させ，業務のステージを高める企業も出ています。eラーニングは静かに着実に企業を支える基盤として浸透し，企業がグローバルに活動するために欠かせないものになっています。一方で，LMSは導入したものの，業務システムの中にうまく組み込むことができず，十分に活用できないでいる企業，人材育成の仕組みが整理されていない，あるいは時代に適応していないためにeラーニングを活かせずにいる企業もあります。

　ここでは，eラーニングを活用して人材育成や業務パフォーマンスの向上に取り組んでいるユーザー企業の担当者に，eラーニング活用の現状やポイント，学習者の意欲を高める手法や教材開発のポイントなどについて，実例や体験をお話しいただきます。企業の中で，どのようにeラーニングを活用し，普及したらいいか悩んでいる方々，また，もっと活用を広げ，メリットを享受したいと考えている企業のみなさんの参考になればと考えています。

　まず，出席されたみなさんにeラーニング，人材開発でどのような仕事をしているか，自己紹介を兼ねてお話しいただきます。

私とeラーニング

Y・Iさん（カー用品販売会社）
　私は以前ホテルマンをしておりまして，コンピュータはホテルシ

ステムしか使ったことがありませんでした。しかし「違ったことをしてみよう」と97年に現在の会社に転職しました。人材開発課に配属になってしばらくして，社長が「米国では社員研修をeラーニングで行っている。やってみてはどうか」ということで，担当になりました。何もわからなくて，「eラーニングとは何か」から始めなければなりませんでした。当時は文献もなくて，少しずつ始まっていたセミナーを探して聞きに行きました。99年6月にeラーニングをスタートすることが決まっていたので，コンテンツを用意しようと懸命でした。ところが，コンテンツができてから「コンテンツを動かす手段がいる」ということに気づいたんです（笑）。LMSが必要と気づいたのがスタートの半年前。あわててLMSを探しました。eラーニングも集合研修も管理できて，受講履歴を残せて，フランチャイズ店舗とのやり取りもできるシステムをイメージしていましたが，良いものがない。それで急遽，自社開発しました。それ以来，私と部下1人，派遣社員1人の3人で行ってきました。日本のeラーニングの創世期を作ったような事例を残すことができたと思っています。

M・Kさん（通信・情報処理システム会社）

当社ではグループのナレッジを結集して高度人材の育成を行おうと，2002年に人材育成戦略とシステムの一元化を図り，LMS，eラーニング，ヘルプデスクを統合してグループ全体に提供できるようにしました。私はそれまで，総務や人事の管理部門にいて，人材育成を担当したことはありませんでしたが，新しいシステムの活用，人材育成システムのグローバル展開という目標があったので，eラーニングをいかに活用するかを考えなければなりませんでした。私はeラーニングの開発を発注する側で，直接開発に携わってはいません。教材はグループ内企業に発注するので，私はユーザー企業であり，同時にベンダでもあるという立場ですね。

T・Sさん（情報通信会社）

私は勤めてから30年，その3分の2近くを人事，労政畑で，社員

に必要な情報を伝えるというユーザーの立場でeラーニングにかかわってきました。情報通信の分野は技術革新が激しいので，常に新しい知識，技術動向を社員に伝えなければなりません。かつては文書を送り，担当者を集めて研修をしていましたが，今は，そうしている間にも次の商品が出るくらい変化が速い。時代に即した知識の提供が必要と思い，eラーニングに取り組んでいます。

S・Sさん（eラーニングソフトウェア販売・サービス会社）

私たちは米国に本社を持つLMSやプラットフォーム系のパッケージを販売している会社です。ベンダの立場からお話したいと思います。2001年の設立で，最初は米国のeラーニングの状況を日本に伝える活動をしてきましたが，ここ2,3年で，日本のお客様とも仕事ができるようになりました。特に最近では，日本だけではなく海外にも販売や生産拠点を持つ企業が，全社的な教育管理システムを1つのLMSに統合するという傾向が顕著に現れています。あるハイテク製造業企業では，eラーニング，LMSを先駆的に活用し，複雑で発売サイクルの速い製品サポートに関する技術教育や，コンプライアンス系の教育のスピードアップを図っています。従来までは集合研修がメインでしたが，市場競争に勝ち抜くためにeラーニングの活用が功を奏しています。

eラーニング展開のポイント

下山

M・Kさんから，LMS，eラーニング，ヘルプデスクを統合してグループ全体に提供し，さらにグローバル展開を進めたというお話がありましたが，スムーズに進みましたか。

M・Kさん

最初からグローバルな展開を想定していたことが，私どものシステムの特徴です。しかし，なかなかグループ企業が喰いついてこない。海外の事業所，企業の責任者を集めて意見交換をしたり，2週間に1回くらいスタッフと電話会議で話し合ったりしながら立ち上

げました。サービス期間，お試し期間を設けたりしながら進めて，ようやく加入者数が2万人くらいになりました。海外には5万人弱の従業員がいますが，その多くは東南アジアの製造工場の従業員です。工場従業員はeラーニングを利用できる環境にないのですが，ホワイトカラーでは7～8割が登録を済ませました。北米の従業員はほとんど，ヨーロッパでは7～8割の従業員が登録しています。

下山

eラーニングを普及させるために，どんな方法を取ったのですか。

M・Kさん

セキュリティなどグループ全体に一斉提供するような教育を重点的に行いました。でも少しやりすぎて，「いつもeラーニングだ」，「誰の命令でやっているんだ」と怒りの声が上がりました。執行部から「整理してほしい」と言われ，少し整理しました（笑）。しかも，素人作りのコンテンツもありました。そこは反省点で，今はグループ内の研修や教育コンテンツを制作，提供している会社に発注しています。さらによいコンテンツにするため，依頼してきた部門と協議しながらコンテンツを作るように改めました。

下山

各部門からeラーニングによる教育の要望が上がってくるのですか。

M・Kさん

最近は個々の部門から「うちの部で，こういうことを教育したい」という要望が出るようになり，積極的に応じています。一例ですが，米国カリフォルニア州では，セクハラ対策の研修を幹部社員は1年に1回受講することを義務づけました。研修はeラーニングでやろうということで，コンテンツを一斉に流しました。これを機にeラーニングの利用率が上がりました。そういうきっかけがあると，eラーニングに触れたことがない人たちもeラーニングをやらざるをえない。そして，「自分たちの業務の教育もeラーニングでできるかもしれない」という反応が出ました。ユーザーも効果を期待しなが

らeラーニングを進めようという環境が生まれています。

下山

Y・Iさんは、eラーニングの普及、定着には苦労されたでしょう？

Y・Iさん

eラーニングを始めたころは、社内では失敗プロジェクトのナンバーワンでしたね。「何をしているの？」と聞かれて、説明するけれど、話が通じない。「コンピュータで人間を教育できるわけがない」とも言われました。しかし情報システム部長が理解して、一緒に取り組んでくれるようになってから進みました。今は実績をそこそこ積んだので、社内で認められるようになりましたが、かつては僕の提案は何も通らなかった。でも、今は通るようになりました。それが大きな変化ですね。いろんな部門から、「通達文書を出しても、みんなみると捨ててしまう。eラーニングで通達を流せないか」といった相談がくるようになって、eラーニングが活用されるようになりました。

下山

現代は技術革新や業務サイクルが速くなっていて、それに対応した学ぶシステムが必要ですね。

T・Sさん

当社では、名刺に資格が書けるようにしようと資格取得の推進に取り組んでいます。参考書や問題集は数多く市販されていますが、社内で教材を提供した方がコストを抑えられるのでeラーニングで提供しています。基礎的な知識はeラーニングで学べる環境にしています。会社がコースを用意して、社員は申請して受講して、習得が確認されれば会社が費用を出します。社員には年度当初に「この技術を身に付けたい」とか「このレベルを目指す」とか自己目標を申告させます。その目標を実現するには何をすべきかがわかる仕組みが教育政策、人事政策にビルトインされていて、「eラーニングのこのコースが適している」といったガイダンスをします。コースは

200くらい用意しています。この仕組みで，eラーニングは広まりました。

下山

　eラーニングのグローバル展開には，別の難しさがあるでしょうね。

S・Sさん

　現在サポートしているグローバル企業は，LMSやeラーニングを活用しています。安全教育やコンプライアンス系の教材が多くて，集合研修ではその製品サイクルに追従しにくいので，eラーニングに取り組んでいます。しかも最近は商品の個別化，差別化が進んでいます。そういったユーザー企業の要望に合わせて製品をカスタマイズしなければならなくなり，それに対応した複雑な社員教育が必要になります。しかし，東京本社は国産のLMS，地方や海外事業所は外国企業のLMSといった具合にバラバラでした。そこで，LMSをグローバルにしようというプロジェクトを2年前に立ち上げました。ヨーロッパ，アメリカ，上海，韓国，台湾の担当者が年に2回くらい集まって，システム設計や学習管理を検討して，グローバルLMSを作りました。そこで，あるプロジェクトマネジャーがいつも言っていたのが「このLMSを全社員にグローバルにリーチできるツールにしよう」ということです。社員に届く，リーチできるという意味で，eラーニングとLMSは，eメールを凌駕すると思いますし，その企業はそのようなLMSに仕上げてグローバルな競争力や顧客の満足度向上に役立てようとしています。コンプライアンスなど訴訟問題やスキャンダルを予防するためのツールにと考え，グローバルなプラットフォームにしてきました。

eラーニングでの学び方

下山

　かつてはeラーニングを導入すると，すべての社内教育，社員研修をeラーニング化しようとする企業もありました。しかし，次第

にeラーニングと集合教育，対面教育にそれぞれ特性があると考え，使い分けたり，組み合わせたりしようという動きが進んでいます。eラーニングでの学び方，教育方法について，どのようにお考えですか。

Y・Iさん

私は始めた当初から，eラーニングだけで人材育成はできないと思っていました。eラーニングで教えられるのは知識だけ，技術の習得は集合研修で人が人に伝えないとダメと割り切って，知識の部分に絞り込んでコンテンツを作りました。その方向で進んで，その後，知識教育は全部eラーニングで，が社内方針になりました。

下山

技術系のコンテンツも作っていますね。

Y・Iさん

ええ，研修体系のベースにeラーニングを置いて，そのうえの技術系，階層系などは集合研修で行っています。基礎的な部分はeラーニングで。普通なら習得に3～4カ月かかるところを，eラーニングを併用することで1～2カ月で終わらせようとしています。現場は人の入れ替わりが速いので，それに対応できるようにと教育方法を考えました。今でいうブレンディング学習を指向してきました。

下山

eラーニングに適した研修内容を明確にしているのですね。

Y・Iさん

グループ全体に伝えたい内容を一斉に迅速に伝えるのにeラーニングは適しています。そこがeラーニングの得意分野なので，それは活かしたい。知識教育はeラーニング化して短時間で学ばせ，時間の余裕ができた人にはさらに高度な教育をすることを目指しています。eラーニングは道具です。集合研修も道具です。問題は道具をどのように使い分けるかだと思っています。

下山

eラーニングは増える傾向にあるのでしょうか。

M・Kさん

あえて「eラーニング」と言わなくてもよいほど，当たり前になってきていますね。言わなくても利用する人は利用するようになりました。

下山さん

でも，やらない人はやらない？（笑）

M・Kさん

「いつでもどこでも入ってくるけれど，何もしなければ入ってこないのがeラーニング」と言った人がいましたが，そのとおりですね。利用させるには，半強制的に学ばせる仕組みのようなものがないと難しいのかなとは思います。

下山

対面教育との関係は？

M・Kさん

対面，集合の研修は絶対に残さなければいけないと思います。研修を全部eラーニング化するつもりはありません。一方的に知識を伝える講義はeラーニングに置き換えて自主的に学んでもらい，その分，集合，対面の研修を充実させようと考えています。

T・Sさん

専門的，高度な知識，技術を伝えるのはeラーニングだけでは難しいですね。eラーニングと対面研修，集合研修の組み合わせがレイヤーによっては有効に機能するというのは，今や常識です。例えば，携帯電話は新製品が次々と出ています。販売員には新製品の特長や新機能を事前に知っておいてほしい。発売時にはきちんと説明できるようにしてほしい。しかし，取り扱い説明書では十分に理解できないし，印刷，送付に時間がかかる。開発から販売までの時間が短くなっているので，これでは間に合わない。しかしeラーニングを使えば，全国に一瞬で説明書を送ることができるし，操作手順のアニメーションを付けることもできます。セールストークに必要な商品知識を伝えることができます。直接，仕事にかかわることで

はありませんが，最近，情報漏えい問題に対処するために，自宅のパソコンにウィニーが入っているかどうかを申告させました。「子供が使っていたら，わからない」という回答がきたりしますが，セキュリティ意識を持たせることができます。学習，教育ではないが，会社が啓発したいことを自然に伝えられるようなeラーニングの使い方も考えられると思います。

下山

学習というよりコミュニケーションの機能ですね。

T・Sさん

以前は，強制されてeラーニングで学ぶ，勉強するのはいやだなという雰囲気もありましたが，ここ数年で変わってきました。それもコミュニケーション機能を活用した結果ですね。例えば，職場におけるハラスメント対策を行っていますが，派遣社員や契約社員は申告しにくい。ヘルプラインや倫理デスクを作っても，利用が進まなかった。直接申告を躊躇するのかもしれません。そこで，eラーニングシステムで「困ったこと，疑問を感じることを書いてください」と流したら，バアッと意見が出てきました。eラーニングシステムを使うと，仕事上のいろいろな知識を学ぶことができるだけでなく，自らも学び手の立場から双方向で情報交換ができることを体感します。今では，文書を配布すると，「どうしてネットでやらないのか」という意見も出るようになりました。我々が育ててきた人間と違う受け止め方をする世代が出てきた。そういう若い世代に受け止めてもらえる環境になってきたのかなと思いますね。

教材の開発，提供

下山

システムを整備し，社員の意識を高めても，教材がよくないと学べません。教材開発ではどんな工夫をされていますか。

Y・Iさん

若い従業員が多いので，おもしろく楽しく学べるコンテンツづく

りを考えています。ターゲットは18～20歳です。彼らと27～28歳の従業員では感覚が違います。若い人たちはゲーム，ビデオなどに親しんだビジュアル世代ですから，彼らには絵や動画を活用したビジュアルな教材で学ばせるようにしています。

下山

ナレーションにプロのディスクジョッキー（DJ）を使っていますね。

Y・Iさん

はい，使っています。声がいいですから（笑）。まるでFM放送を聴いているようで聴きやすい。お願いしたDJの方も，「おもしろい。教育のようないろいろな分野に手を出したい」と乗り気で，1週間近くに及ぶ収録をしていただきました。

下山

学習者が興味を持てる教材作りといっても，学習者の年代や所属部門によって違ってきますね。

Y・Iさん

30～40代向けのコンテンツはどうしても文字が多くなりますね。それはそれでいいと思いますが，コンテンツの導入部はおもしろくします。一方，現場では文字が多い教材は喜ばれない。ビデオ世代は文字でなくイメージで覚えているので，動画や絵を多用します。おもしろいことにイメージで覚えていると，お客さんに説明するとき，イメージを自分の言葉に直して説明できるんですね。文字で覚えたことをマニュアルのように繰り返すのでなく，絵で覚えたことを自分の言葉で話すので，お客さんにもわかりやすく説明できて喜ばれます。ですから文字ではなく，絵で動き覚えさせるというコンセプトで統一しています。

下山

最近は，ゲームのようなコンテンツが出ていますね。楽しみながら，気がつくと勉強しているというようなものは必要ですね。

Y・Iさん

これからはもっと必要になるでしょう。しかし，やはりゲームと

教材は違います。以前にコンテンツの制作のコンペを行ったとき，ゲーム会社の人が参加したのですが，発想がまったく違うと思いました。ゲームはおもしろいのですが，教材には競うという要素は合わない。仕掛けとしておもしろくてゲームのようだが，あくまで教材でなければならないという難しいテーマでした。学習していると楽しいと言われるようなコンテンツを実現しようと考えました。

学びを進めるには
下山

　楽しみながら学ぶ，というお話がありましたが，eラーニングを進めるうえで一番強調したいことは学習動機です。学習者に学ぶ動機をどのように植えつけるかということです。eラーニングに限ったことではなく，教育には極めて大事なことです。では学習動機とは何か。それは「お得感」だと思います。この授業を受けると「得だ」と思わせることです。動機づけができるかどうかは，eラーニングのチャレンジングで重要な課題ですが，これまであまり考えられてきませんでした。学習者の動機を高めるアイデアはありますか。

T・Sさん

　途中で学習状況をチェックするという方法がありますね。コースの途中で，3択問題を出したりして，意欲を持続させるのもひとつの手だと思います。

Y・Iさん

　うちのコンテンツは参加させることで学習意欲を引き出そうと考えました。画面に9か所，クリックできる場所を設けます。ポインターでそこを探し出して，クリックすると問題が出ます。解答すると「終わり」と出ます。全部終わらないと，次の画面に行けない。画面に9個の学習課題を埋め込んで，それを探して答えるという仕組みで，ある意味では章立てしているのと同じだと思います。次々問題を出して，答えさせるのではなく，学習者は自分で問題を探すので，ゲームの要素もあり，自主的に参加する気持ちになれます。

M・Kさん

　教材に遊びの部分が入ると，学びを始めるきっかけになります。例えば教材のナレーションが何種類か用意されていて，自分が一番好きなナレーションが選べるようにすると，学習へのスムーズな導入になる。方言のナレーション，大阪弁のナレーションなどもいいですね。

下山

　社長の方針発表を自分の好きな声で聞けるとかね（笑）。学習者としては「勉強，勉強」とせき立てられない使い方がいいですね。eラーニングは仕事の道具，勉強するだけでなく，コミュニケーションのツールだったり，情報を伝える道具だったり，幅広い使われ方をするとよいのでしょうね。

T・Sさん

　学習者が受け身になるのでなく，選べる仕組み，参加できる仕掛けがあると，学習意欲は高まるでしょうね。学習者の反応を促す仕掛けは重要だと思います。

Y・Iさん

　音は重要だと思います。今ある多くのコンテンツは，説明や問題を棒読みしています。DJを使ったら，ものすごく受講生の反応がよかったですよ。

T・Sさん

　eラーニングにもわかりやすさ，なじみやすさが必要なのでしょう。かつては，教科書をそのままeラーニング化した教材ばかりでしたが，だんだんサウンドが入ったり，絵が動いたり，「ここでコーヒーブレーク」と入ったり，学ぶ人の気持ちを考えるようになりましたね。

M・Kさん

　うちの手作り教材は，担当者が話し合って内容や表現を決めましたが，担当者は，登場人物の「顔をどうしよう」とか「声をどうしよう」と言いながら，役員の顔をデフォルメしたりして，楽しんで

作っていました。編集会議と称して集まっては「何でこのキャラクターは2頭身なんだ」とか，くだらない話題で盛り上がるんですよ。楽しんで制作していました。その結果，学習者にも「おもしろい」と受け入れられて，反応はよかった。グループ会社からも「見たい」と言ってきました。作る方が楽しむと，楽しいコンテンツになるようです。

下山

ある金融機関が作ったeラーニングコンテンツは，登場人物はマンガだけれど，誰がみても部長だとか，課長だとかわかるように描かれている。そのキャラクターが客になったり，窓口になったりする（笑）。それは大ヒットでしたね。でも，何が受けるのか，制作側にはわかりにくいですよね。

T・Sさん

うちには研修を数多く受講している「研修おたく」みたいな人がいるんですが，彼の評価が実に正確なんです。目が肥えているから，指摘は「なるほど」，ということが多い。コンテンツを適正に評価してくれる人は必要ですね。受講後アンケートは取るけれど，8割は当たり障りのないことを書いてきます。残り2割に「これは」ということを書く人がいます。その人に聞くと問題点が見えてきます。

M・Kさん

自動的にモニターになってくれているわけですね。

T・Sさん

「あそこのページは間違っている」と連絡してくれます。

M・Kさん

以前はPowerPointを並べて，ナレーションを入れるだけのコンテンツで，おもしろくなかった。受講者も「やらされている」と感じる。それを連発するから，いやになって，「いい加減にしろ」という声が飛んでくる。それは，「教育をしよう」という人たちの「やってくれ」という要求に応じてコンテンツを作ってきたからです。それを反省して，教材は受講しやすい，見やすいものでないと効果は

上がらないと伝えて，研修担当グループ企業の人と「この絵を使おう」，「この音を使いませんか」と論議，吟味するようにしました。それでコンテンツの質が少しは上がりました。

ハードルの越え方
下山
　みなさん，学習者を引きつけ，学習が進むコンテンツ作りに腐心されているようですが，一方で，eラーニングはいや，機械もパソコンも触りたくないという人もいます。また，ユーザーの気持ちを考えない，売らんかなという意識が目立つ業者に困らされることもあります。一番難しいのは，トップを理解させることです。そうしたハードルにはどのように対処していますか。

T・Sさん
　幹部のコンピュータリテラシーが低いという問題があります。eラーニングをやろうとすると「何で俺たちがいちいちクリックしてやらなければいけないのか」という気持ちになっている（笑）。グループ会社の新任役員研修では，税の基礎知識とか法務とか，貸借対照表と損益計算書など経営者にとって必要なイロハについて学びます。「Webでやれば経営者としての最低限の基礎知識は身に付きます。毎週末にやれば5, 6週で終わります」と言うのですが，部下にやらせてしまう（笑）。こちらの「やってほしい」という思いと，受ける幹部の気持ちが一致しなかった。「自分の弱いところがわかりますよ」と作ったつもりなのに，受け手は「いやだな」という気持ちになる。モニターされるのがいやなんですね。

M・Kさん
　初めは，抵抗感がありますね。セキュリティ教育をeラーニングでやったときに，まず，eラーニング自体にすごく抵抗がありました。こっちも意地になって，受講対象者と修了者，合格者を毎週のように公表しました。そうしたら受講率は1カ月で98％くらいまでになりました。公表を始めたら，抵抗感が減りましたが，最初はし

つこくやりました。

下山さん

　私は多くのプロバイダーをみてきましたが，業者のレベル差が非常に大きいと感じました。それで気づいたのは，その差は企業の大小ではないということです。大きければいいというのでも，小さいから作れないというのでもない。要はコンテンツのビジョン，考え方がしっかりしているかどうかということでした。よい感性と情報をどれだけ持っているかが問題で，そういう人がいるベンダは安心できます。

Y・Iさん

　コンテンツ作りを発注するとき，会社より人で選びました。今回お願いしたベンダさんはバイクと車が大好きという人がリーダーをしてくれたので話が早く，こちらの注文へのレスポンスがとてもよかった。技術力を語る会社より，「この人だったらやってくれるな」という信頼感を感じた人に最終的にはお願いしました。

T・Sさん

　すべてのビジネスがそうですよね。

Y・Iさん

　一番困ったのは，自分たちの技術力をとうとうと語って帰るベンダさんでした。私は何を言っているのか理解できない（笑）。私たちの言うことをきちんと聞いて，私たちのわかるように説明できる人でないと困ります。ユーザーが理解できるように説明し，ユーザーのニーズを汲み取ることが，営業をうまく進める秘訣ではないかと思います。

M・Kさん

　私たち人材育成担当者は自社のeラーニング営業担当者に，顧客のところへ一緒に行くように要請されることがよくあります。一緒に顧客を訪ねて，eラーニングのメリットなどを話すのですが，カッコイイことを言ってもお客様は喜ばない。しかし「稟議を書くときに苦労したんですよ」（笑）とか「上に説明するとき，いかに安く

みせるかに苦労した」といった話をすると，お客さんが身を乗り出す。お客様が知りたがっているのは，まさにそういう具体的なことなんだと感じました。

Y・I さん

eラーニングの導入には技術力より，どのように社内決裁を取るかというノウハウの方が重要だったりします。

M・K さん

経費削減だけをメインに書いたらダメですよ，といった話はよく聞いてくれます。それは私も苦労したことですから。「もっとコストを下げろ」と言われて，品質の悪いコンテンツしか提供できなかった反省などの実際的な話も，お客さんは興味を持ちます。

下山

僕は2億数千万円のシステム導入の稟議書を書いたとき，社長が聞いたのはたった一言。「これで何が変わる？」でした。僕は「スピードが変わる」，「トップの考えたことが，13万人全員に伝わるスピードが上がります」と説明しました。予算とか人繰りの話，マネジメントや数字の判断はみんな慣れていますよね。それと違う見方を示した方がいいのではないかと思います。だから業者も，機能ばかりを言うより，eラーニングが学習者にどんなインパクトを与えるのかといった，別の評価ができるアドバイザーとして，提案した方がいいと思います。

Y・I さん

私は上を説得するのにビデオを使います。従業員にeラーニングの印象をインタビューして，「接客していると次々絵が浮かんできて，ぺらぺら話せます」といった話を撮っておきます。それを役員にみせて「すごいでしょう，eラーニングは素晴らしいでしょう」と言うと，「ウーン」となりますね。

M・K さん

選抜研修を受けた人が，役員の前で「eラーニングをうまく使ってやりました」と発表してくれると，とてもインパクトがあります。

ビデオはいいですね。
Y・I さん
　文書で出しても「うそだろう」と言われてしまう。このようなビデオをいくつか用意しておくと役員に理解してもらえます。

人材育成のために
下山
　e ラーニングも人材育成のひとつの方法で，最終目標は，人がどう成長するかです。今の人材教育全体で必要なものは何か，e ラーニングも含めて，どういう考えでいくべきかをお聞かせいただけますか。
T・S さん
　e ラーニングは学習の記録が残せるので，教育する側に貴重な情報になります。だれがいつ，どんな学習をしたかがわかると，どの時期，どの段階でどういう研修を行ったらどういう効果があったかを検証し，こういう研修体系にしましょう，といった提言ができます。通信教育や社会教育を受けたという報告を受けても記録がないから検証が難しい。どの時期にどんな研修を受けたかの資料や成績がみられるということは，人材管理には大事です。人事ではよく，「可燃型の人間」と言います。燃える力はあるが，燃え方がわからない，点火剤が必要な人ですね。結構いるんですが，彼らに e ラーニングは有効です。エントリーさせるのに非常によいし，ステップアップにもつなげられます。そのために，コンテンツをよりおもしろくしなければいけないと思います。参加型でおもしろいコンテンツが必要ですね。そして学習の成果をデータベース化して，研修が日常の業務に活かされているかどうかをフォローしていくと，燃えにくい人を燃やすこともできます。
S・S さん
　我々は研修のデータを，社員のゴール設定やパフォーマンス管理と一緒に使えるシステムを考えています。企業教育の目的は，企業

に必要な，業務に必要なコンピテンシーやスキルをいかに社員に蓄えるかです。そのために必要な，個人の目標，人事考課のパフォーマンスレビューと研修やトレーニングの状況をみられる仕組みを作ろうとしています。実現すると，人事部門と研修部門のコミュニケーション，データ共有ができます。さらに，ボーナスや昇給にかかわる目標設定がラーニングと結びついていて，管理者も社員もそれをみられるようにすると，社員にとっては学習の動機づけになるし，eラーニングを加速させることになるのではないかと思います。それはタレントマネジメントと呼ばれますが，そういう展開を考えています。

下山

今の企業は，教育戦略と人事戦略の目標がバラバラになっています。そのうえにヒューマンキャピタルマネジメントの笠をかぶせるのが戦略かもしれないが，統合していく仕組みがない。教育と人事が結びついたら素晴らしい。

S・Sさん

社員のパフォーマンスを管理して，データを全社的に使える仕組みも一緒に提案していこうと考えています。日本では，それが紙ベースで行われ，形骸化しています。それをシステマチックにして，しかもラーニングとのリンクを取れるようにしたいと思っています。そうなるとeラーニングは企業の中で自然な存在になる，そうなったらよいなと思っています。

Y・Iさん

私は，学習する風土を作ることを考えています。今はどちらかというと上意下達の風土ですが，現場のひとりひとりが自分で考えて行動する，自分で学習する風土にしたい。そこに到達する仕掛け，仕組みが必要ですが，それにはeラーニングが欠かせません。今は人事，就労，給与，教育，キャリア開発などの人に関するシステムがバラバラです。それをまとめようとしています。その先に，親会社や子会社の壁を越えて人が異動する「グループ人事」をイメージ

しています。それには大きな理由があります。これまでは，自動車メーカーとカー用品販売企業には区分けがはっきりありました。ところが，自動車メーカーもカー用品を出し，私たちも車を作ったり中古車を売ったりするようになりました。マーケットが一緒になってしまった。すると企業の差は人材しかありません。人材の育成と活用が重要になってきます。生き残りのためにもグループ人事は必要になると思っています。もうひとつ，フランチャイズビジネスは商品の供給だけでなく，ノウハウの供給も大事で，この2つが大きな柱です。そのためにも人材育成を柱としてeラーニング，ITをうまく活用していきたいと考えています。さらには，お客さんを教育することを考えています。社員の教育にも限度があります。社員を教育しながらも，お客さんも教育していきたいと考えています。

S・Sさん

米国でお客さんに対して，eラーニングで「401Kとは何か」や「どんな医療保険に入ったら，医療費が控除されるか」などの教育を実施した企業があります。さらに次の段階で「もう少し知りたいですか」と聞いて，「はい」と答えた人に年齢，性別，居住地域などを聞いて，個別にデータを与えると同時に，そのデータをマーケティングデータにした。それで，年金パッケージの売り上げを上げた企業があります。eラーニングを手がかりにユーザーとコミュニケーションを深めて実績を上げている。

M・Kさん

以前，eラーニングは教育が終わった段階で，人事の仕事は終わりでしたが，今は，そこから人事の仕事だというようになっています。eラーニングの結果，職場がどう変わったかをみないといけない。学んだことを時々思い出させる，振り返りをさせるような仕組みが，eラーニングにも集合教育にも必要になってくると思います。さらに人材育成の「みえる化」が必要です。以前，受講者の多い職場とそうでない職場とで，研修によって職場のパフォーマンスに差が出たかどうかを調べました。そのときは，相関性を見い出せませ

んでしたが，研修の「みえる化」を行って，人材育成のスタンスを変えないといけなくなっていると思います。人材育成部門の役割は，研修の先をどうするかを考えることに移っています。そういう「みえる化」のツールとして，eラーニング，LMSを活用する必要があります。

下山

　パーソナル化がカギになってきますね。

S・Sさん

　ある資格を持っている人はここから始める，ある職種の人はこの内容をやればいいというように，的確に振り分ける機能を企業が持つと，効果的な人材育成ができるでしょう。eラーニングは個別の部門やコースで考えると限界がありますが，戦略的なアクティビティとして組んでいくと，とても力が発揮されると思います。そのようなLMSの機能が現実的になっています。

下山

　さて，そろそろお時間となります。大変興味深いお話をありがとうございました。今日のお話が読者に届くと，企業のeラーニング担当者のみなさんにとって問題解決のヒントとなることと思います。本日は，貴重なお時間をいただきありがとうございました。

索引

英数字

ADL／98, 114, 116, 118
AEN／115
ASP／2, 3, 6, 7, 56, 111
Beyond e-Learning／51
eLC／1
eLP／31, 91, 92, 93
EPSS／18
ERP／35
HRM／35
LMS／2
OJT／16, 28, 45, 131
ROI／14, 63, 87, 132
SCORM アセッサ／33, 96, 114, 115, 116, 117
SCORM 適合コンテンツ／115, 117
SME／85, 86, 91, 94, 126

あ

アウトソーシング／3, 56
インストラクショナルデザイン／12, 32, 33, 50, 84, 93
インストラクショナルデザイナー／34, 79, 86
オーサリングツール／2, 5, 6

か

カークパトリック／13
　　──の4段階評価法／12, 13
学習意欲／56, 145, 146
学習の動機付け／11, 152

教育効果／4, 11, 12, 17, 26, 30, 49
教育投資／6, 7, 10, 22, 23
研修の効率化／3, 4, 57, 59, 60
研修費用／8, 9, 10, 23
コーチング／16, 24, 25, 32, 33, 85
コンテンツ／2
コンテンツ認証制度／116, 117
コンテンツベンダ／35, 100, 103, 107, 110, 112, 113, 114, 117
コンテキスト／51
コンピテンシー／15, 83, 87, 88, 90, 91, 92, 93, 94, 152

さ

シミュレーション／17, 25, 26, 27, 28, 81, 84, 134
相互運用性／103, 115, 116, 117

た

チューター／31, 32, 36, 54, 55, 79, 82, 86, 87, 88, 89, 90, 91, 92
チュータリング／11, 83, 88

な

ナレッジマネジメント／18, 35, 47, 52, 94, 125, 127, 128, 129

は

パフォーマンスサポート／52, 94, 132
ブレンディッド・ラーニング／11

索引　155

ま

メンター／36, 54, 55, 91
メンタリング／11, 24, 85
モチベーション／15, 30, 54, 57, 61, 83, 85, 94
モバイルラーニング／30

ら

ラーニングオーガニゼーション／130

特定非営利活動法人　**日本イーラーニングコンソシアム（略称 eLC）**

日本イーラーニングコンソシアムは，日本における e ラーニングの普及を目指して，前身である TBT コンソーシアム（1996 年設立）を経て 2001 年 10 月に発足しました．活動目標として以下の 3 つを掲げています．

(1) e ラーニング情報の提供
(2) e ラーニングシステムの構築，運営に関わる人々への教育
(3) e ラーニングシステムおよびコンテンツの標準化の推進

　また，執行委員会を中心に多彩な活動を進めており，主な活動としては，年 2 回の "e-Learning Conference" の開催，e ラーニング関連セミナーおよび技術講習会の実施，SCORM 標準規格に関する情報提供，SCORM 対応製品の認証試験実施，『インストラクショナルデザイン入門』（東京電機大学出版局）等の出版，Web サイトや月例カンファレンスでの情報提供等があります．

　会員には e ラーニング関連企業をはじめとし，教育機関，ユーザー企業，個人で構成されています．（2006 年 12 月現在，法人会員数：105, 個人会員数：21）

　会　　長：小松秀圀
　住　　所：〒103-0012 東京都中央区日本橋堀留町 1-4-3 日本橋 MI ビル 6F
　電　　話：03-5640-1017　　FAX：03-5640-1018
　e メール：info@elc.or.jp　　URL：http://www.elc.or.jp

e ラーニング活用ガイド

2007 年 4 月 10 日　第 1 版 1 刷発行	編　者	特定非営利活動法人 日本イーラーニングコンソシアム
	発行所	学校法人　東京電機大学 **東京電機大学出版局** 代表者　加藤康太郎 〒 101-8457 東京都千代田区神田錦町 2-2 振替口座　　00160-5-71715 電話（03）5280-3433（営業） 　　（03）5280-3422（編集）
印刷　新日本印刷㈱ 製本　渡辺製本㈱ 装丁　福田和雄		Ⓒ e-Learning Consortium Japan 2007 Printed in Japan

＊無断で転載することを禁じます．
＊落丁・乱丁本はお取替えいたします．

ISBN 978-4-501-54300-6　C2004